中国农业风险管理
发展报告 2022

中国农业风险管理研究会　编

中国农业出版社

北　京

图书在版编目（CIP）数据

中国农业风险管理发展报告.2022/中国农业风险
管理研究会编.—北京：中国农业出版社，2022.11
ISBN 978-7-109-30193-1

Ⅰ.①中… Ⅱ.①中… Ⅲ.①农业管理－风险管理－
研究报告－中国－2022 Ⅳ.①F324

中国版本图书馆 CIP 数据核字（2022）第 204807 号

中国农业出版社出版

地址：北京市朝阳区麦子店街 18 号楼
邮编：100125
策划编辑：贾　彬　　责任编辑：张雪娇
版式设计：杨　婧　　责任校对：吴丽婷
印刷：北京中兴印刷有限公司
版次：2022 年 11 月第 1 版
印次：2022 年 11 月北京第 1 次印刷
发行：新华书店北京发行所
开本：700mm×1000mm　1/16
印张：9.5
字数：200 千字
定价：48.00 元

《中国农业风险管理发展报告》
编辑委员会

前　言

2021 年以来，世界百年未有之大变局正加速演进，全球新冠肺炎疫情仍在持续，世界经济复苏动力不足，大宗商品价格高位波动，国际经贸环境不稳定不确定因素明显增强。我国经济发展面临需求收缩、供给冲击、预期转弱三重压力，局部疫情多发散发。2022 年 4 月 29 日，习近平总书记主持召开的中共中央政治局会议分析研究经济形势和经济工作，强调"疫情要防住、经济要稳住、发展要安全，这是党中央的明确要求"。"发展要安全"就要牢固树立底线思维，有效管控重点风险，守住不发生系统性风险的底线。只有把困难估计得更充分一些，把风险思考得更深入一些，切实加强重大风险预测预警能力，积极有效堵漏洞、强弱项，才能下好先手棋、打好主动仗，有效防范化解各类风险挑战。

农业是典型的风险产业，由于其自身的弱质性和生产周期长等特殊性，使其在整个再生产循环过程中，既面临着自然灾害、动植物疫病等传统风险，又面临着价格波动、贸易摩擦、生物安全等多重政策与社会风险。各种风险复杂性日益增多、传导性明显增强、灾害性不断放大。习近平总书记强调，越是面对风险挑战，越要稳住农业，越要确保粮食和重要副食品安全。新冠肺炎疫情防控给我们带来的最大启示就是，应对各类风险挑战，农业始终是"基本盘"和"压舱石"。要坚持底线思维，将农业风险管理作为防范化解系统性风险的重要基础，宁肯"十防九空"，也要强化风险管理的战略性布局和前瞻性预案。农业风险管理作为防范和化解农业领域各种风险的重要手段，对全面实施乡村振兴战略、推进农业农村现代化意义重大。在复杂多变的国际环境下，在迈向高质量发展的历史性关头，必须清醒认识我国农业发展面临的风险和挑战，准确把握农业风险管理面临的突出问题，做好应对预案，未雨绸缪，为进一步完善我国农业风险管理体系提供有力支撑。

《中国农业风险管理研究报告 2022》是由中国农业风险管理研究会、中华联合保险集团、农业农村部农村经济研究中心联合组织完成的。为了更好地完成报告的写作，在 2021 年报告的基础上，写作组广泛征求了相关方面意见，听取国务院参事室特约研究员、原农业部常务副部长尹成杰，中国农业风险管理研究会会长张红宇，中华联合保险集团董事长徐斌，中国农业风险管理研究会常务副会长兼秘书长唐园结，中国农业风险管理研究会副会长董忠，中国农业风险管理研究会常务副秘书长杨久栋等领导和专家的意见。本报告由农业农村部农村经济研究中心农业风险管理研究团队龙文军研究员、原瑞玲副研究员、中国农业大学硕士生谢灵蕴和贾天明等共同撰写完成。

在写作过程中，收集、借鉴了许多专家、学者的优秀成果，还听取了中央农村工作领导小组原副组长袁纯清、农业农村部畜牧兽医局杨振海局长、农业农村部种植业管理司朱恩林一级巡视员、农业农村部工程建设服务中心郭红宇主任、国家气候中心巢清尘主任、农业农村部农业贸易促进中心吕向东副主任、首都经济贸易大学庹国柱教授、中国农业科学院农业信息研究所张峭研究员、国家卫星气象中心范锦龙研究员、中国农业科学院徐磊研究员、中国农业大学经济管理学院杨汭华教授和穆月英教授、天津市农业农村委员会原主任沈欣、北京农学院何忠伟教授、全国农业技术推广中心朱景全处长、杭州师范大学傅昌銮教授、《乡镇论坛》杂志社张宝珠执行主编、中华联合保险公司江炳忠总裁助理、浙江省农业科学院农村发展研究所杨良山副研究员、首都经济贸易大学马彪博士等专家提出的中肯建议。农业农村部农村经济研究中心金融保险研究室的同志参与了大量的组织工作。在此一并表示感谢。

从2021年起，《中国农业风险管理研究报告》成为年度报告，旨在为健全中国农业风险管理体系提供决策参考，为广大从事农业风险管理研究的人员提供研究借鉴，为地方政府和相关企业提供推进工作的思路。研究体系还在不断完善中，难免出现纰漏，欢迎各位同仁和广大读者批评赐教。

中国农业风险管理研究会

2022 年 9 月

目　　录

一、2021—2022 年农业重大风险及影响

2021 年是我国"三农"工作重心转向全面推进乡村振兴的第一年，各地各部门坚决贯彻落实中央一号文件决策部署，紧紧围绕国之大者抓主抓重，粮食和农业生产再获丰收，脱贫攻坚成果得到巩固，为开新局、应变局、稳大局发挥了重要作用。但同时也要看到，国际形势变化不定，国内极端天气多发、强发、广发、并发，农业发展面临世界百年巨变和全球新冠肺炎疫情持续蔓延等多重挑战。

（一）农业自然风险

农业自然风险是指由于自然环境的变化导致在生产经营过程中经营者面临损失和福利减少的可能性。农业自然风险种类繁多，包括气象灾害、海洋灾害、土壤灾害、生物灾害、地质地震灾害和生态环境灾害等。其中，气象灾害包括干旱、洪涝、台风、暴雨、大风、冰雹、雷电、高温、低温、冰雪、霜冻等；海洋灾害包括赤潮、暴潮、海啸、海浪、海冰灾害等；土壤灾害包括冻融、掀松、盐碱、龟裂、湿渍等；生物灾害包括疫病、虫害、草害、鼠害等；地质地震灾害包括滑坡、泥石流、崩塌、地面塌陷、地面沉降、地裂缝以及地震灾害等；生态环境灾害包括水土流失、土地沙化、水土污染、森林草原火灾、大气污染以及火山爆发等。

我国地域辽阔，南北跨纬度近 $50°$，东西跨经度 $60°$，气候条件复杂多变，区域气候差异明显，是世界上农业自然灾害最严重的国家之一。2021 年我国气候异常凸显，极端天气气候事件多发、强发、广发、并发，自然灾害以洪涝、风雹、干旱、台风、地震、

地质灾害、低温冷冻和雪灾为主，沙尘暴、森林草原火灾和海洋灾害等也有不同程度发生，农业生产受到不同程度的影响。应急管理部和国家气候中心的统计数据显示，2021 年全国气象灾害造成农作物受灾面积 1 171.8 万公顷，死亡失踪 737 人，直接经济损失 3 214.2亿元。其中，旱灾面积占气象灾害总受灾面积的 29％，暴雨洪涝占 41％，风雹灾害占 23％，台风灾害占 4％，低温冷冻害和雪灾占 3％（图 1）。

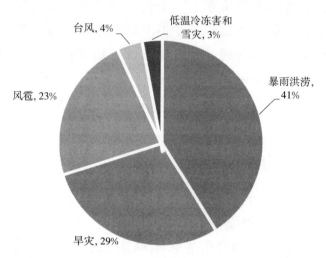

图 1　2021 年全国主要气象灾害受灾面积占总受灾面积比例

数据来源：国家气候中心。

1. 暴雨洪涝

2021 年我国极端性强降水频发，华北、西北地区洪涝灾害历史罕见。全年共发生 42 次强降水过程，全国平均降水量 672.1 毫米，较常年偏多 6.7％。东北地区西部南部、华北大部、黄淮大部、西北地区东南部等地部分地区较常年偏多 30％至 1 倍。主汛期极端暴雨强度大，致灾性强，与近五年均值相比，暴雨洪涝造成的直接经济损失增长 16.3％。2021 年 7 月 17—24 日，河南多地出现破纪录极端强降水事件，具有过程累计雨量大、强降水范围广、降水极端性强、短时强降水时段集中且持续时间长的特征。河南有 39 个市、县累计降水量达到年降水量的一半，其中郑州、辉县、淇县等 10 个市、县超过常年的年降水量，累计雨量超过 250 毫米的覆盖面积占河南国土面积的 32.8%，1 小时最大雨强（郑州，201.9 毫米）创下中国大陆小时气象观测降水量新纪录，郑州等 19 个市、县日降水量突破历史极值，32 个市、县连续 3 日降水量突破历史极值。暴雨导致郑州、鹤壁、新乡、安阳等城市发生严重内涝，城市运行大面积中断，造成重大人员伤亡和巨大经济损失，给农业生产也带来不利影响。

2021 年 9—10 月，长江上游和汉江、黄河中下游、海河南系等流域相继发生罕见秋汛，华北、西北区域平均降水量均为 1961 年以来历史同期最多，5 次区域暴雨过程影响黄河中游，黄河出现严重秋汛。9 月 24—26 日，四川盆地、西北地区东部至华北、黄淮一带出现暴雨过程，陕西南部、河南北部等地降水量超过 100 毫米。9 月 27 日黄河潼关站、黄河花园口站相继发生 2021 年第 1 号、第 2 号洪水，黄河支流渭河发生 1935 年有实测资料以来同期最大洪水。10 月 2—7 日，华北南部、西北东南部等地降水量超过 100 毫米，山西省平均降水量达到常年 10 月降水量的 3 倍以上，出现了有气象记录以来最强秋汛，37 条河流发生洪水，公路、铁路运行受到影响，山西平遥古城墙局部坍塌，6—7 日，陕西受持续降水影响，11 条河流出现超警戒洪峰，7 日潼关水文站出现 1979 年以来的最大洪水。山西、陕西、河南等地受灾区域与主汛期洪涝灾区重叠，加重了灾害影响。据统计，2021 年洪涝灾害共造成 5 901 万人次受灾，因灾死亡失踪 590 人，倒塌房屋 15.2 万间，直接经济损失 2 458.9 亿元。

2. 干旱

2021 年全国干旱灾害总体较轻，但区域性和阶段性干旱明显。分区域看，江南、华南出现秋冬连旱。2020 年 11 月上旬至 2021 年 2 月上旬，江南和华南大部地区降水量在 50 毫米以下，其中华南大部、江南东南部等地不足 25 毫米，大部地区降水量较常年同期偏少 50%～80%，广西大部、广东东南部等地偏少 80% 以上，广西、湖南降水量为 1961 年以来历史同期最少，广东、江西为第二少，浙江为第三少。叠加江南中部和东部、华南中东部气温较常年偏高，江南和华南普遍出现中度到重度气象干旱，其中湖南东南部、广西中部和东北部、广东西北部出现特旱。持续干旱导致湖库蓄水少、江河水位低，给江南、华南等地的水资源、农业生产带来一定影响。

云南省2020年秋末至2021年夏初连续干旱。2020年11月至2021年6月，云南降水持续偏少，全省降水量为1961年以来历史同期最少。云南大部地区累计降水量在400毫米以下，其中云南中北部地区降水量不足200毫米，较常年同期偏少50%以上。与此同时，气温普遍较常年同期偏高，云南北部和西南部等地偏高1～2℃。温高雨少导致云南气象干旱不断发展，4月上旬全省大部地区出现中度到重度气象干旱，东部、西南部和北部出现特旱。受干旱影响，全省水库蓄水严重不足，大理东部—楚雄—昆明西部—玉溪南部—普洱—红河西部一带土壤缺墒，对当地春播产生不同程度的影响。

华南春夏秋阶段性干旱频发。2021年3月下旬至12月中旬，华南中东部降水量较常年同期偏少20%～50%，气象干旱阶段性发展。3月下旬至5月上旬、5月中旬至6月下旬、7月上旬至8月中旬、8月下旬至10月上旬为干旱明显时段。其中，4月上旬广东大部、广西中部和南部、海南东部，5月下旬广东西部和东部，7月下旬广东大部、广西中西部和东部以及海南东部，9月中旬广东东南部和西部、广西中西部和东部，出现中度到重度气象干旱，局地达特旱。干旱致使华南土壤墒情低，江河水位下降，山塘水库干涸，对农业生产、森林防火、生活生产用水产生了不利影响。

西北地区东部和华北西部出现夏秋连旱。2021年7月上旬至9月上旬，西北地区东部和华北西部降水量在200毫米以下，西北地区东北部不足100毫米，大部分地区降水量较常年同期偏少20%～50%，西北地区东北部偏少50%以上。与此同时，气温普遍较常年同期偏高，西北地区东部偏高1～2℃，局地偏高2℃以上。温高雨少导致气象干旱不断发展，8月中旬末，上述大部地区出现中度到重度气象干旱，其中陕西中部、甘肃东部、宁夏南部出现特旱。干旱给农业生产和水资源等带来一定影响，部分地区甚至出现人畜饮水困难。

总体来看，2021 年全国干旱灾情造成山西、陕西、甘肃、云南、内蒙古、宁夏等 24 省（自治区、直辖市）2 068.9 万人次受灾，农作物受灾面积 339.8 万公顷，直接经济损失 200.9 亿元。

3. 风雹灾害

2021 年龙卷风等强对流天气突发、频发、强发，风雹灾害点多面广，致灾严重。全年共出现 47 次区域性强对流天气过程，出现龙卷风天气至少有 39 次，其中中等强度以上达 16 次，均多于常年。从时间上看，4 月中旬前，强对流天气一直偏少偏弱，首次大范围强对流天气过程出现在 3 月底，发生时间较常年偏晚 15 天。4 月中旬后，强对流天气显著增多，主要集中在江南北部、江汉、江淮、华北、黄淮、东北等地。从范围上看，全国 1 363 个县（市、区）遭受风雹灾害影响，其中山西、内蒙古、辽宁、江苏、山东、陕西、新疆等地受灾较重。从强度上看，极端大风和龙卷风等强对流天气明显偏多，江苏、湖北、内蒙古等地相继遭受极端强对流天气并引发罕见龙卷风灾害，造成重大人员伤亡和财产损失。据相关部门统计，2021 年风雹灾害共造成农作物受灾面积 271.2 万公顷，死亡失踪 129 人，直接经济损失 268.7 亿元。

4. 台风

2021 年台风登陆我国数量偏少，强度偏弱。全年西北太平洋和南海共有 22 个台风生成，其中 5 个登陆我国，较常年偏少 2.2 个。台风登陆强度总体偏弱，平均最大风速 27.6 米/秒，低于常年（30.7 米/秒）水平。7 月 20 日，第 7 号台风"查帕卡"登陆广东，是 2021 年首个登陆我国的台风，较常年初登陆时间偏晚一个多月，影响广东、广西和海南等省（自治区）。7 月 25—26 日，第 6 号台风"烟花"先后在浙江舟山和平湖登陆，为 1949 年有气象记录以来首个在浙江省两次登陆的台风。"烟花"移动速度慢，在我国陆上滞留时间长达 95 个小时，为 1949 年以来最长。受其影响，我国中东部沿海地区风雨持续时间长、累计降水量大，浙江省余姚大岚镇丁家畈降水量达 1 034 毫米。"烟花"登陆后一路北上，先后影响浙江、上海、江苏、安徽、山东、河南、河北、天津、北京、辽宁 10 省（直辖市），是 2021 年造成损失最重的台风。10 月 8 日和 13 日，第 17 号台风"狮子山"和第 18 号台风"圆规"相继登陆海南琼海，"狮子山"具有近海生成、移速较慢、外围风力大、风雨影响时间长的特点。10 月 4—10 日，海南多个市、县累计降水量超过 500 毫米，临高、昌江日降水量突破当地 10 月历史极值。10 月 7 日夜间到 11 日白天，广东省中南部出现大范围持续性强降水，全省平均降水量超过 100 毫米，局地最大累计降水量近 700 毫米。"圆规"是自 2016 年台风"莎莉嘉"以来登陆海南的最强台风，具有移速快、路径稳定、影响范围广的特点。受"圆规"和冷空气共同影响，10 月 12—14 日，粤东、珠三角南部和粤西等地出现大到暴雨、局部大暴雨，海南省局地累计降水量超过 300 毫米。"狮子山"和"圆规"虽然对海南省及粤港澳地区的交通、旅游等造成影响，但对缓和旱情和高温天气有利。12 月 16 日 8 时，第 22 号台风"雷伊"在菲律宾以东洋面加强为超强台风级，中心最大风力 17 级（58 米/秒），中心最低气压 925 百帕，这是历史上直接袭击我国南沙群岛的最强台风，也是影响南海最晚的超强台风，具有强度大、移速快、影响大的特点。受"雷伊"和冷空气共同影响，12 月 17—20 日，南沙群岛、西沙群岛、中沙群岛出现 8～10 级阵风、局地 11～13 级，海南岛沿海、广东沿海、福建南部沿海出现 7～9 级阵风；华南中东部及海南岛东部普降大到暴雨，文昌等 9 个市（县）降水量超过 50 毫米、局地超过 100 毫米；三沙市共有 5 个岛礁出现 50 毫米以上降水，其中 3 个超过 100 毫米，美济礁最大为 177.8 毫米。

总的来看，2021 年台风共造成 644 万人次受灾，4 人死亡，直接经济损失 152.6 亿元。全年台风灾害损失为近五年最低，受灾人次、因灾死亡失踪人数和直接经济损失分别下降 61%、95%

和 72%。

5. 低温冷冻害和雪灾

2021 年发生并影响我国的冷空气过程有 29 次，其中寒潮过程 11 次，较常年（5.2 次）明显偏多。寒潮天气集中在年初年末发生，具有降温幅度大、极端性强、影响范围广的特点，北方多地出现低温冷冻害和雪灾。1 月 6—8 日，我国中东部地区出现寒潮天气过程。西北地区东部、华北大部、东北地区中西部、黄淮、江淮、江南、华南等地降温幅度有 6～12℃，其中河北东部、山东中部和河南北部降温幅度达 12～16℃。东北地区南部、华北大部、黄淮、江淮及内蒙古中东部等地部分地区出现 6～8 级阵风、局地 9～10 级；辽宁大连、山东半岛等地出现中到大雪、局地暴雪，四川、湖北、湖南、贵州、安徽、浙江、江西等地出现雨雪天气，贵州、湖南、福建局地出现冻雨。低温、雨雪、大风天气不利于东北地区及内蒙古东部、新疆北部等地畜牧业和设施农业生产。11 月 4—9 日，我国出现一次全国性寒潮天气过程，综合强度为历史第四高。我国中东部及西北大部地区降温幅度为 8～16℃，部分地区超过 16℃。我国有 429 个国家气象站达到或超过极端日降温阈值，其中 116 个气象站降温幅度达到或超过历史极值，有 166 个气象站日最低气温创 11 月上旬历史同期最低。华北北部及内蒙古东部、吉林西部等地普降暴雪或大暴雪，局地出现特大暴雪。华北北部和东部、内蒙古东部、吉林西部、辽宁西部等地积雪深度超过 10 厘米，局地有 30～50 厘米，黑龙江、吉林、辽宁等地还出现了冻雨天气。此外，黑龙江、内蒙古、河北、北京、天津、山东、河南等地出现强风天气，呼和浩特最大风速 25.2 米/秒（10 级），河南平顶山瞬时极大风速 39.2 米/秒（13 级）。此次寒潮给北方部分地区农业、交通、电力以及居民生活等造成较大影响。据相关部门统计，2021 年低温冷冻害和雪灾共造成 327.4 万人受灾，农作物受灾面积 35.2 万公顷，直接经济损失 133.1 亿元。

（二）市场风险

农业市场风险是指由于市场因素的不确定性对农产品价值实现造成影响的风险，主要源于市场供求失衡与价格变动。随着农产品价格变动和农业生产成本的上升，农业面临的市场风险波及范围逐渐扩大。2021 年农产品价格总体呈震荡上涨态势，受贸易冲击、自然灾害、金融投机和政策调整等综合因素影响，部分农产品价格呈现大幅波动现象。农产品价格波动影响农民收入，给农业生产带来较大风险。主要表现在以下三个方面。

1. 国际农产品市场价格波动向国内传导

我国加入世界贸易组织（WTO）后，国内农产品市场逐步与国际接轨，国内外价格联动性明显增强，与此同时，国际农产品政策调整和价格波动均会对我国农产品价格产生传导效应，给农业生产带来更大的风险，尤其是主要依靠进口的农产品，受国际农产品市场的影响更明显。据联合国粮农组织（FAO）数据，2021 年以来国际食品价格指数波动明显，最高值为 2022 年 3 月的 159.7（2014—2016 年为 100），最低值为 2021 年 1 月的 113.5，分别比平均值高 18.7% 和低 15.6%。其中植物油、谷物和食糖的波动最为明显，谷物价格指数最高值为 2022 年 5 月的 173.5，最低值为 2021 年 3 月的 123.9，分别比平均值高 22.7% 和低 12.4%；植物油价格指数最高值为 2022 年 3 月的 251.8，最低值为 2021 年 1 月的 138.9，分别比平均值高 38.0% 和低 23.9%；食糖价格指数最高值为 2022 年 4 月的 121.5，最低值为 2021 年 1 月的 94.2，分别比平均值高 8.7% 和低 15.8%（图 2）。据国际棉花咨询委员会（ICAC）统计，棉花 Cotlook A 指数（相当于国内 3128 级皮棉）最高值为 2022 年 5 月的 163.8 美分/磅[①]，最低值为 2021 年 1 月的 87.2 美分/磅，分别比平均值高 39.5% 和低 25.7%。受国际农产品价格大幅波动影响，国内主要产品价格波动也较为明显。从具有

---

① 100 美分＝1 美元，1 磅≈0.454 千克。

代表性的食用植物油品种看，2021 年，四级菜籽油出厂价比 2020 年上涨 20.1%，一级花生油出厂价比 2020 年上涨 6.6%，四级豆油出厂价比 2020 年上涨 50.4%，24 度棕榈油到港价比 2020 年上涨 49.7%。2021 年，国产大豆均价为 6.2 元/千克，较 2020 年上涨 16.67%；3128B 级棉花均价为 17 431 元/吨，较 2020 年上涨 34.8%。

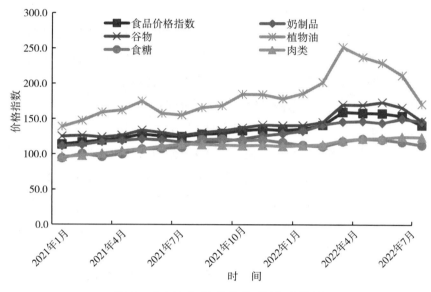

图 2 FAO 食品价格指数波动情况

2. 农产品价格波动对农业生产效益造成影响

以生猪为例，在市场行情拉动和金融、土地、环保等长效性支持政策推动下，2019 年第四季度以来，我国生猪产能持续恢复。国家统计局数据显示，截至 2021 年第二季度末，全国能繁母猪存栏连续 21 个月增长，达到 4 564 万头，相当于 2017 年年末（正常年份）的 102.1%。但是，受生产惯性增长和养殖场户非理性压栏惜售、二次育肥养殖场户投机性养殖、猪肉进口贸易商对后市行情盲目乐观等一系列市场风险因素的叠加影响，生猪价格从 2021 年年初开始一路下跌。据农业农村部 500 个县集贸市场价格监测，全国生猪每千克均价从 1 月第 3 周 36.01 元的高位，降至 10 月第 1 周 11.54 元的低点，累计下降 24.47 元，降幅达 68.0%。国庆节后猪价有所回升，12 月全国生猪均价每千克为 17.59 元，同比下降 46.9%，比 1 月均价 35.80 元下降 50.9%。2021 年全年生猪均价每千克为 20.68 元，较 2020 年下跌达 13.25 元，跌幅达 39.1%。从猪肉价格来看，2021 年全年均价每千克为 33.56 元，较 2020 年下跌 18.86 元，跌幅为 36.0%。猪肉价格的剧烈波动，对养殖户收益和养殖积极性造成明显影响。据统计，因 2022 年上半年猪价过低，上市猪企亏损程度较深。尽管自 6 月中旬后猪价回升至多数养殖企业成本线以上水平，并且 7 月持续保持在每千克 22 元～24 元震荡运行，但因上市猪企出栏量偏少，所以下半年各上市猪企将持有适当利润，但基本难以实现年度扭亏为盈。

3. 生产成本上升影响农民生产积极性

2021 年国内化肥价格出现普遍上涨，俄乌冲突以来天然气、硫黄、磷矿石等化肥生产原材料价格上涨明显，化肥价格涨势明显加剧。2022 年 2 月国产尿素平均出厂价为 2 629 元/吨，环比上涨 3.5%，同比上涨 27.7%；磷酸二铵平均出厂价为 3 580 元/吨，环比上涨 1.7%，同比上涨 17.2%；氯化钾平均出厂价为 3 616 元/吨，环比上涨 3.6%，同比上涨 76.4%；国内复合肥平均出厂价为 3 263 元/吨，环比上涨 1.1%，同比上涨 43.2%。仅化肥一项，按照价格上涨幅度，2022 年小麦、玉米、水稻（早籼稻）、大豆每亩①种植成本将分别增加 61.3 元、55.8 元、48.4 元和 20.3 元。化肥价格大幅上涨发生在我国春耕备播的关键时期，可能影响农户生产投入进而影响当年农业生产。

（三）植物重大病虫害风险

植物病虫害风险是指在植物生长和发育过程中，因害虫和病原微生物危害而导致其形态、生理和生化上的病理变化所造成经济效益损失的风险。根据全国农业技术推广服务中心分析报告显示，2021 年全国农作物重大病虫害总体偏重发生，特别是上半年小麦

---

① 亩为非法定单位，1 亩＝1/15 公顷。

条锈病、赤霉病同时严重发生，下半年水稻螟虫、稻飞虱、稻瘟病、南方水稻黑条矮缩病，以及草地贪夜蛾、玉米螟和玉米穗期病虫在部分地区发生严重。各级植保机构扎实开展小麦、水稻、玉米等重大病虫防控攻坚战，加强豇豆、韭菜、芹菜等"三棵菜"绿色防控技术示范应用，有效控制了小麦条锈病、赤霉病、水稻"两迁害虫"、草地贪夜蛾等重大病虫危害，药物与化学物残留治理取得显著成效。据统计，2021 年全国农作物病虫草鼠害发生面积 60 亿亩次，累计实施农作物病虫害防治面积 78 亿亩次，累计挽回粮食损失 2 858 亿斤[①]，占全年粮食总产量的 22.9%，农作物病虫害绿色防控覆盖率达到 46.0%，同比提高 4.5 个百分点，为全年粮食总产量再创历史新高和促进农业绿色发展做出了重要贡献。

1. 小麦重大病虫害

2021 年全国小麦重大病虫害偏重发生，发生面积 7.1 亿亩次，防治面积 11.2 亿亩次，通过防控挽回产量损失 730 亿斤，占小麦总产量的 26.6%。一是小麦条锈病发生严重。全国发生 6 693.96 万亩，是自 2017 年以来最重的一年，呈"见病早、范围广、局部危害重"的特点。秋苗最早见病于 2020 年 10 月，偶发区的江苏、安徽、浙江等地均有发生，且发病面积较大；陕西、山东、河南、河北等地发生较重。全国各级植保机构按照农业农村部"虫口夺粮"保丰收行动方案要求，扎实开展小麦重大病虫防控攻坚战，防控措施得当、防效显著。全国防治面积 1.6 亿亩次，是发生面积的 2.4 倍多。通过实施"秋播拌种""发生一点、防治一片""控西保东、打点保面"、统防统治、联防联控等措施，有效控制了条锈病流行危害，挽回产量损失 200 多亿斤。二是小麦赤霉病流行风险极高。经过全国上下奋力防控，实际见病面积 7 000 万亩次以上，达标发生面积 5 000 万亩次。发病范围广，南至湖北、江苏、安徽、河南南部等地，北至内蒙古，西到新疆麦区都有发生。据初步统计，全国小麦赤霉病预防面积近 3 亿亩次，安徽、河南等地党政齐

---

① 斤为非法定计量单位，1 斤＝0.5 千克。

抓，各级财政投入防控资金达 10 多亿元。经上下协力防控，发生面积比预计减少一半，挽回潜在产量损失 400 多亿斤，并有效降低了赤霉菌毒素，保障了小麦质量安全。此外，小麦蚜虫、地下害虫中等发生，小麦害虫总体发生 4 亿多亩次，通过秋播拌种预防、"一喷三防"等技术措施，有效控制了害虫危害，挽回产量损失 100 多亿斤。

2. 水稻病虫害

2021 年全国水稻病虫害发生程度总体为中等至中等偏重，部分病虫害在局部稻区严重发生，发生面积 14.2 亿亩次，防治面积约 20 亿亩次，通过防控挽回产量损失 1 128 亿斤，占水稻产量的 26.5%。发生范围广、面积大、危害损失重的病虫害包括螟虫、稻飞虱、稻纵卷叶螟、纹枯病、稻瘟病、稻曲病、白叶枯病、穗腐病等。区域性严重发生或呈上升趋势的次要病虫害包括大螟、稻秆潜蝇、跗线螨、恶苗病、南方水稻黑条矮缩病、细菌性病害、根结线虫病等。病虫害发生的主要特点表现为重要病虫害普遍发生、危害严重，次要病虫害局部造成损失的特点。受长江中下游单改双、南方稻区单季稻面积增加、播栽期不整齐等因素影响，螟虫桥梁田增加，二化螟、大螟、台湾稻螟在南方稻区和长江流域单双季混栽区发生加重；白叶枯病、细菌性条斑病、细菌性基腐病等细菌性病害流行范围增大、程度加重，局部造成严重危害；南方水稻黑条矮缩病等稻飞虱传播的病毒病在华南稻区、长江流域南部稻区发生普遍，但危害较轻；跗线螨、根结线虫病呈上升态势，发生范围进一步扩大、面积增加，重发区导致产量损失。通过推广应用生态工程技术、抗耐性品种、健身栽培、昆虫性信息素群集诱杀和交配干扰技术、人工释放稻螟赤眼蜂技术以及短稳杆菌、苏云金杆菌、枯草芽孢杆菌、蜡质芽孢杆菌、金龟子绿僵菌、甘蓝夜蛾核型多角体病毒等微生物农药应用技术，有效降低了化学农药使用，稻田生态得到逐步恢复，水稻重大病虫害危害得到了有效控制，为保障粮食生产安全发挥了重要作用。

3. 玉米病虫害

2021 年玉米病虫害发生总体平稳。据初步统计，发生面积 8.76 亿亩次，防治面积 8.57 亿亩次，挽回产量损失 1 000 亿斤，占玉米总产量的 18.3%。受暴雨及台风等极端天气影响，玉米南方锈病在黄淮海夏玉米区发生较重，发生面积 4 097 万亩次，其中，河北省发生面积 1 380 万亩次，是有历史记录以来发生最重的一年；天津市近十年来首次发现玉米南方锈病。玉米螟近年来发生面积呈逐年下降趋势，2021 年发生面积 2.45 亿亩次，棉铃虫、黏虫主要集中在黄淮海玉米产区及部分东北、西北地区发生，发生面积分别为 8 500 多万亩次和 4 900 多万亩次。草地贪夜蛾在全国 27 个省（自治区、直辖市）1 241 个县（市、区）发生，实查发生面积 2 073 万亩次，发生区域主要集中在西南、华南地区，占全国发生面积的 90% 以上。

（四）动物疫病风险

动物疫病风险是指在动物养殖、调运、屠宰和加工过程中，因动物疫病的产生、传播、扩散而造成影响的风险。2021 年各级疫控机构紧紧围绕"保供固安全、振兴畅循环"工作定位，在农业农村部和各级畜牧兽医主管部门的领导下，充分发挥技术支撑作用，非洲猪瘟等重大动物疫病的防控任务扎实推进，"先打后补"、分区防控等重点改革事项进展顺利，净化场、无疫小区和无疫区创建评估取得重大突破。截至 2021 年年底，全国共建成动物疫病净化场 55 个、无疫小区 131 个、无疫区 7 个，分区防疫全面实施，工作成效十分显著。2021 年，全国重大动物疫情总体保持稳定。全国广东、青海、新疆报告发生 3 起口蹄疫疫情；新疆、西藏、青海报告发生 14 起小反刍兽疫疫情；内蒙古、新疆、湖南、四川、云南、广东、河北、湖北、海南和新疆生产建设兵团报告了 15 起非洲猪瘟疫情；北京、河北、辽宁、江苏、山东、西藏、陕西、宁夏报告发生 8 起野禽高致病性禽流感疫情，没有发生家禽疫情。总体来看，所有已发疫情均得到及时有效处置，疫情处于点状发生态势，未出现区域性暴发流行。

（五）生物安全风险

生物安全风险属于非传统安全，包括新发突发传染病、新型生物技术误用和谬用、实验室生物安全、国家重要遗传资源和基因数据流失、生物武器与生物恐怖主义威胁等。当前，全球生物安全治理进入新的变革期。美国、俄国、英国等一些国家正在结合重大传染病疫情暴露出的问题，酝酿、完善原本已有的生物安全战略或法律，并已把生物安全列入攸关国家安全的重要发展领域。党的十八大以来，中央把加强生物安全建设摆上更加突出的位置，纳入国家安全战略，颁布施行生物安全法，出台国家生物安全政策和国家生物安全战略，健全国家生物安全工作组织领导体制机制，积极应对生物安全重大风险，加强生物资源保护利用，举全党全国全社会之力打好新冠肺炎疫情防控人民战争，我国生物安全防范意识和防护能力不断增强，维护生物安全基础不断巩固，生物安全建设取得历史性成就。

当前，全球生物安全风险增加、传统生物安全问题和新型生物安全风险相互叠加，境外生物威胁和内部生物风险交织并存，生物安全风险呈现出许多新特点。人畜共患病是重要的生物安全风险，据世界卫生组织（WHO）统计，60%的人类传染病病种源自动物，1940年以来，全球平均每8个月出现1种人类新发传染病，其中78%与动物有关。外来入侵物种是指传入定殖并对生态系统、生境、物种带来威胁或者危害，影响我国生态环境，损害农林牧渔业可持续发展和生物多样性的外来物种。近年来，随着我国商品贸易和人员往来日益频繁，外来入侵物种传入扩散途径更加多样化、隐蔽化。非洲猪瘟自2008年传入我国以来，已累计引发疫情197起，所有省份均发生过疫情。目前，非洲猪瘟病毒已在我国定殖，持续威胁养猪业安全，是影响产业高质量发展的主要风险隐患。近些年，泰国、马来西亚等国多地发生非洲马瘟疫情，疫情传入风险不断加大。2021年是草地贪夜蛾入侵并在我国定殖危害的第3年，结合 2019—2021 年我国草地贪夜蛾发生发展形势，据专家综合分析判断，2021 年草地贪夜蛾呈重发态势。基于草地贪夜蛾在我国正处于定殖到扩繁的种群增长阶段，且具有 6 亿亩玉米的适宜寄主作物，2021 年总体发生面积预计 4 000 万亩，比 2020 年增加 1 倍。2022 年，根据虫源基数、南方地区春玉米、黄淮海地区夏玉米种植布局和气候等因素综合分析，预计夏季草地贪夜蛾总体中等程度发生，其中西南、华南地区偏重发生，江南、长江中下游地区中等发生，江淮、黄淮、西北地区偏轻发生，全国发生面积 4 000 万亩次，5 月下旬开始将进入北迁始盛期，6 月黄淮和西北地区会陆续见虫。此外，现阶段新冠肺炎疫情在全球持续蔓延，也是生物安全领域的突出风险，尽管发生在公共卫生领域，但也暴露出不少农业风险问题。新冠肺炎疫情封闭期间，导致不少地区出现了生产延误、劳动力短缺，有的地区还因为农资储备不足影响了春耕备耕。2022 年 3 月，吉林突发新冠肺炎疫情，正值备耕生产关键时期，作为全国重要商品粮生产基地，农业生产受到一定程度的影响。

（六）非传统农业风险

一些非传统因素是在新形势下农业发展过程中遇到的阻碍和制约因素。当今世界正处于百年未有之大变局，不稳定性、不确定性明显增多，涌现出不少非传统农业风险，其中地缘政治风险是现阶段我国农业发展面临的最主要的非传统农业风险，特别是中美经贸关系的发展将对我国农业发展产生明显影响。

1. 中美贸易摩擦

2018 年 3 月 23 日，美国总统特朗普签署备忘录，基于美国贸易代表办公室（USTR）公布的对华"301"调查报告，指令 USTR 对从中国进口的 500 亿美元商品加征关税，中美经贸摩擦正式开启。截至 2020 年 1 月 16 日，中美第一阶段经贸协议文本正式签署，中美之间的贸易摩擦先后经历 4 轮（表 1）。根据协议规定，"在农产品方面，在 2017 年基数之上，中国 2020 年自美国采购和进口规模不少于 125 亿美元，2021 年自美国采购和进口规模不少于 195 亿美元"，预计分别达到 366 亿美元和 436 亿美元。照此计算，2021 年中国需进口源自美国的农产品比 2017 年增长 80.51%，比 2019 年提高 2.10 倍。

表 1　中美贸易摩擦发展脉络

时间	关税措施	农产品相关
第一回合 （2018 年 7 月 6 日）	美国：对中国输美 500 亿美元产品加征 25%关税，第一批 340 亿美元产品 7 月 6 日生效，第二批 160 亿美元产品 8 月 23 日生效	否
	中国：对美国输华 500 亿美元产品加征 25%关税，第一批 340 亿美元产品 7 月 6 日生效，第二批 160 亿美元产品 8 月 23 日生效	是
第二回合 （2018 年 9 月 24 日）	美国：对中国输美 2 000 亿美元产品加征 10%关税，9 月 24 日生效	是
	中国：对美国输华 600 亿美元产品加征 5%～10%关税，9 月 24 日生效	是
第三回合 （2019 年 5 月 10 日）	美国：对中国输美 2 000 亿美元产品加征关税由 10%提高到 25%，5 月 10 日生效	是
	中国：对美国输华 600 美元产品加征关税提高到 10%、20%和 25%，原 5%产品清单不变，6 月 1 日生效	是
第四回合 （2019 年 9 月 1 日）	美国：对中国输美 3 000 亿美元产品加征 10%关税，第一批 9 月 1 日生效，第二批 12 月 15 日生效	是
	中国：对美国输华 750 亿美元产品加征 5%～10%关税，第一批 9 月 1 日生效，第二批 12 月 15 日生效	是
2019 年 10 月 15 日	中美第 13 轮经贸磋商成功，美国暂停 10 月 15 日生效的 2 500 美元中国商品关税上调	是
2020 年 1 月 16 日	2019 年 12 月 13 日中美第一阶段经贸协议文本达成一致，2020 年 1 月 16 日正式签署	是

资料来源：根据商务部网站整理。

自 2001 年我国加入 WTO 直至中美经贸摩擦发生之前的 2016 年，美国长期占据我国农产品第一大进口来源国的地位，美国的农产品进口额占我国农产品进口总额的比重始终维持在 20% 以上，个别年份甚至接近 30%。因此，我国对源自美国的进口农产品存在高度依赖性，中美第一阶段经贸协议的执行将对我国农产品贸易格局产生重大影响。2021 年，我国农产品进口明显增加，全年粮食进口创新高，达到 1.67 亿吨，比 2020 年增长 17%，其中小麦进口首次突破配额，为 977 万吨，比 2020 年增长 16.6%，玉米连续两年突破配额，进口达到 2 835 万吨，比 2020 年增加 1.52 倍，高粱、大麦进口量分别比 2020 年增长 95.6% 和 54.5%；牛羊肉进口继续增长，增长均在 10% 以上；食糖进口大幅增加，达到 634 万吨；水果进口增长 12.9%。其中，我国自美国进口玉米 1 983 万吨，比 2020 年增加 3.6 倍，占进口总量的 70.0%；自美国进口大豆 3 231 万吨，较 2020 年增长 25%，占进口总量的 33.5%，因此必须高度重视并审慎处理中美贸易协议的冲击问题。

2. "印太经济框架"的影响

2022 年 5 月 23 日，美国总统拜登宣布启动"印太经济框架"（IPEF）。IPEF 是自 2017 年美国退出《跨太平洋伙伴关系协定》（TPP）以来，创建的一个多边、以印太地区为中心的经济战略。中国是印太地区最具经济影响力的国家之一，但被排除在 IPEF 之外。从表面上看，IPEF 对我国农业的影响并不明显，因为 IPEF 没有涉及开放市场、降低关税等议题，加之 IPEF 参与国与我国主导或参与建立的区域全面经济伙伴关系协定（RCEP）、中国-东盟自由贸易区（CAFTA）存在较多重合，双边经贸关系和产业融合度比较强。但深层次分析，美国主导建立 IPEF 对我国农业发展的潜在影响不容忽视。

加入 WTO 以来，我国农业全面融入世界经济体系，目前已成为全球第二大农产品贸易国、第一大进口国和第五大出口国。农产品加工制造业已经成为我国制造业第一大产业，很多行业在全球占据重要地位，深度融入全球供应链体系。2021 年，我国纺织原料及服装制品，生皮、皮革、毛皮及其制品，食用水果及坚果，橡胶及其制品出口额分别为 3 047.5 亿美元、866.0 亿美元、63.3 亿美元和 332.4 亿美元，分别占全球出口总额的 41.1%、16.4%、5.8% 和 18.1%，其中对 IPEF 国家的出口占我国出口总额的比重分别达 44.8%、49.7%、67.0% 和 37.3%（表 2）。整体来看，我国农产品产业链与全球产业链紧密连接在一起。

表 2   2021 年我国与 IPEF 国家涉农产品制品贸易情况

产品	中国出口额/ 亿美元	占全球份额/ %	中国对 IPEF 出口额/ 亿美元	对 IPEF 出口占 中国出口份额/ %
纺织原料及服装制品	3 047.5	41.1	1 365.6	44.8
生皮、皮革、毛皮及 其制品	866.0	16.4	430.2	49.7
食用水果及坚果	63.3	5.8	42.4	67.0
橡胶及其制品	332.4	18.1	124.0	37.3

数据来源：UN Comtrade 数据库，由作者整理计算。

从产业链角度分析，IPEF 对我国农业产业链布局将会产生重要影响，可能的影响途径包括三个方面。

第一，通过设定数字贸易规则、环境规则提高我国农产品及其加工制品出口的门槛和要求，进而传导到上游影响我国农业产业。近些年，农产品数字贸易在全球范围内迅速兴起，改变了国际贸易原有的发展模式，虚拟化、数字化、智能化、便捷化成为当前农产品国际贸易发展的新趋势。基于美国在数字基础领域的科技实力，数字贸易规则的制定一直被美国和欧洲国家主导。在 IPEF 中，美国一直致力于推动美国在数字贸易方面的规则制定权，包括数据跨境自由流动和境外存储及处理、数字知识产权、开放市场与公平竞争的规则、数字治理与网络安全共识等。如果不能接受这些规则，数字贸易会受到明显影响。显然，从我国目前数字经济发展状况看，数字贸易营商环境、知识产权、数字治理和网络安全方面明显存在短板。

第二，通过设置劳工和环境、供应链等领域的高标准，对我国形成遏制，影响我国农产品及其加工制品出口。拜登政府上台后，高度重视供应链安全稳定，采取了签署《美国供应链行政令》、发布《供应链百日审查报告》等一系列措施，试图建立以美国为主导、将中国排除在外的供应链体系，IPEF 也是其"供应链脱钩战略"的一个重要部分，旨在"与具有共同价值观的盟友和合作伙伴在有弹性的供应链上密切合作"，确保货物的中间投入品在生产中符合相关的环境、劳工等标准。美国商务部将认定存在强迫劳动的企业列入实体清单，被列入实体清单的企业生产的产品将永久不得进入美国市场。IPEF 背景下，美国将会不断寻找我国在全球产业链中具有竞争力的行业或者薄弱环节进行围追堵截，迫使我国与国际供应链脱钩。

第三，通过核心技术管控和供应链"圈子化"推动产业转移，提高 IPEF 与美国的黏性。考虑到印太国家主要为农产品及其加工制品出口导向型的发展中国家，尽管 IPEF 不涉及进一步开放美国市场、降低关税等贸易优惠措施，但美国可能通过扩大从越南、印度等国家采购商品，减少从中国采购商品的方式让 IPEF 成员国承接美国的产业转移，将原本源自中国的供应链分散到 IPEF 各成员国中。具体推动方式有可能突破传统贸易协定，至于是否会采用非市场手段直接安排骨干企业进行供应链对接，是否会使用补贴手段直接扭曲供应链，还有待进一步观察。

二、农业风险管理面临的新形势

随着农业供给侧结构性改革的深入推进和乡村振兴战略的实施,我国农业农村经济发展迎来了前所未有的机遇。与此同时,世界百年未有之大变局加速演进,地缘政治风险事件频发,以美国为首的西方国家滥施单边制裁,新冠肺炎疫情对生产链、供应链造成了严重冲击,使得农业的脆弱性更加明显。各类风险频发重发,自然风险趋于加剧、市场风险日益凸显、政策风险时有发生、新型风险不断涌现,相互影响,呈现风险来源更加多重、风险链条进一步延长的特点,大大增加了农村经济社会发展的不确定性。要推进农业农村现代化,保障粮食等重要农产品有效供给,守住不发生规模性返贫底线,高质量推进共同富裕,首要前提就是认清农业风险管理面临的新形势。

(一)国家对保障粮食安全提出新要求

习近平总书记强调,"对我们这样一个有着 14 亿人口的大国来说,农业基础地位任何时候都不能忽视和削弱,手中有粮、心中不慌在任何时候都是真理"。粮食事关国运民生,粮食安全是国家安全的重要基础。改革开放以来,中国粮食生产取得了举世瞩目的伟大成就,粮食产量持续稳步迈上新台阶,实现了从"吃不饱"到"吃得饱"再到"吃得好"的历史性转变。2021 年 11 月 11 日中国共产党第十九届中央委员会第六次会议通过的《中共中央关于党的百年奋斗重大成就和历史经验的决议》把粮食安全作为经济安全之首,强调"坚持藏粮于地、藏粮于技,实行最严格的耕地保护制度,推动种业科技自立自强、种源自主可控,确保把中国人的饭碗牢牢端在自己手中"。这一表述明确指出了新时代国家粮食安全的根本要求和目标任务。

当前，我国粮食安全保障处于历史最好时期，并逐步从数量增长进入数量与质量并重的新阶段。世界粮食发展与安全格局发生新变化，全球粮食供求和购买能力的不平衡进一步加剧，利用国际资源和市场的难度和风险不断加大，对粮食体系的国际合作和治理提出了更高要求，同时也将更加注重粮食及农业的科技创新和绿色发展。因此，各农业大国纷纷调整和制定新的粮食发展战略和政策举措。面对新阶段新形势，保障粮食安全是治国理政、应对新风险新挑战的头等大事。

1. 正确把握粮食安全的内涵

确保把中国人的饭碗牢牢端在自己手中，首先应理解用中国人话语表达粮食安全的"中国人的饭碗"的内涵与外延。

由于世界各国人们饮食差异较大，对"粮食"这一概念的理解差异悬殊，一些国家话语中甚至根本没有与中国粮食对等的概念。即使是中国话语体系中的粮食，其内涵和外延在不同语境中也明显不同。从广泛使用的"粮食"这一概念进行分类，至少有三个层次：一是将口粮称为粮食，传统上又称之为主食，其外延最小，主要指麦粉和稻米；二是国家统计局统计粮食生产等数据时确立的口径，包括谷物、豆类和薯类，其中谷物又包括小麦、稻谷、玉米和其他杂粮；三是与食物或者食品相对应，其内涵极其丰富，外延最广。

随着经济发展、居民收入持续提高、国家粮食安全保障举措不断完善，人们消费不同类型食物数量及其质量等呈现出明显的升级趋势。人均谷物类口粮消费趋于减少，而人均肉蛋奶和水产品等动物源性食物及蔬菜水果等副食品消费则趋于增加；口粮消费总量趋于减少，而饲料粮消费消耗总量趋于增加。更好地满足居民食物消费需要，必然要求新时代国家粮食安全应在口粮绝对保障的同时不断向健康营养食物全面保障转变。习近平总书记指出，"现在讲粮食安全，实际上是食物安全""要树立大食物观，从更好满足人民美好生活需要出发，掌握人民群众食物结构变化趋势，在确保粮食供给的同时，保障肉类、蔬菜、水果、水产品等各类食物有效供给，缺了哪样也不行"。

由于中国话语体系中的"粮食"概念在国际上无法完全对应，使得中国话语体系中的"粮食安全"概念与国际上广泛使用的这一概念存在差异。国际组织和多数国家普遍侧重于从消费端强调粮食安全，其目标任务是保障任何人在任何时候任何条件下可以获得充足、安全、富有营养且能满足其健康生活的食物。中国确立的粮食安全战略或者使用的粮食安全概念，强调粮食供给保障及其国家主导性，核心要义是国内粮食生产能力及其条件和供给来源，主要是从满足人们消费需要的供给端来表述的。

2. 坚持数量与质量并重

（1）数量安全是人口大国粮食安全的必要条件

第一，数量安全是总量问题。粮食自给率是粮食产量占当年粮食消费量的比重，是衡量一个国家粮食数量安全水平的重要指标。一旦小于 90％，粮食供求的风险就会增大，我国三大主粮的自给率一直保持在 95％ 以上。在我国粮食综合生产能力不断提高、粮食产量创历史新高的同时，粮食生产安全一刻也不能放松。2022 年中央一号文件指出，要全力抓好粮食生产和重要农产品供给。对于粮食主产区、主销区、产销平衡区，都要保面积、保产量。主产区要不断提高粮食综合生产能力，主销区要切实稳定和提高粮食自给率，产销平衡区要确保粮食基本自给。保障粮食安全，关键是要保粮食生产能力，确保需要时能产得出、供得上。

第二，数量安全也是区域问题。粮食安全有了产量才能安全，这就要求所有地区都要努力扛起这个责任，特别是"面积不下降、产量不降低"。然而，将时间拉长看，进入 21 世纪以来这 20 多年，中国粮食生产无论是产量还是播种面积，都越来越向主产区集中，结构性矛盾显现，个别省份的粮食产量在全国的总体占比甚至超过 10％（表 3），黑龙江、吉林、辽宁、内蒙古等 13 个主产区的粮食产量占全国粮食总产量的 70％ 以上。由于粮食主产区抵御自然灾害的能力仍然比较薄弱，粮食产量呈现少数省份过度集中趋势会导致生产风险不能得到分散，一旦发生重大灾害会给国家粮食安全带来严重威胁。此外，粮食安全存在着南北方差异。相对于北方，南方地区受耕地资源减少等问题的困扰，导致了生产增长率低。同时，工业化和城市化的快速发展导致人口增长较快，南方地区的人均粮食产量较低，广东、浙江、福建等地的粮食更是依赖调入，更需要稳定粮食生产。

表3　2021年全国及各省（自治区、直辖市）粮食产量

地区	播种面积/ 千公顷	总产量/ 万吨	单位面积产量/ （千克/公顷）
全国总计	117 631.5	68 285.1	5 805.0
北京	60.9	37.8	6 196.8
天津	373.5	249.9	6 690.3
河北	6 428.6	3 825.1	5 950.1
山西	3 138.1	1 421.2	4 529.1
内蒙古	6 884.3	3 840.3	5 578.3
辽宁	3 543.6	2 538.7	7 164.4
吉林	5 721.3	4 039.2	7 060.1
黑龙江	14 551.3	7 867.7	5 406.9
上海	117.4	94.0	8 004.7
江苏	5 427.5	3 746.1	6 902.0
浙江	1 006.7	620.9	6 167.6
安徽	7 309.6	4 087.6	5 592.0
福建	835.1	506.4	6 064.0
江西	3 772.8	2 192.3	5 810.8
山东	8 355.1	5 500.7	6 583.7
河南	10 772.3	6 544.2	6 075.0
湖北	4 686.0	2 764.3	5 899.1

（续）

地区	播种面积/ 千公顷	总产量/ 万吨	单位面积产量/ （千克/公顷）
湖南	4 758.4	3 074.4	6 461.0
广东	2 213.0	1 279.9	5 783.3
广西	2 822.9	1 386.5	4 911.7
海南	271.4	146.0	5 379.8
重庆	2 013.2	1 092.8	5 428.4
四川	6 357.7	3 582.1	5 634.3
贵州	2 787.7	1 094.9	3 927.5
云南	4 191.4	1 930.3	4 605.4
西藏	187.2	106.5	5 688.0
陕西	3 004.3	1 270.4	4 228.7
甘肃	2 676.8	1 231.5	4 600.6
青海	302.4	109.1	3 607.4
宁夏	689.3	368.4	5 345.2
新疆	2 371.7	1 735.8	7 318.9

数据来源：国家统计局。

第三，粮食稳产保供，不单是总量、区域问题，也是结构问题。粮食连年丰收，结构性问题等新课题接踵而至。虽然告别了"吃不饱"的烦恼，但是出现了阶段性供过于求和供给不足并存的问题。稻谷、小麦、玉米、大豆，供给侧结构性矛盾如何化解，粮食生产过程实际上就是结构不断调整优化的过程。根据《2021年国民经济和社会发展统计公报》与国家统计局数据，2021年我国粮食种植面积117 631.5万公顷（表3），比2020年增加86万公顷。其中，水稻种植面积2 992万公顷，减少15万公顷；小麦种植面积2 357万公顷，增加19万公顷；玉米种植面积4 332万公顷，增加206万公顷。棉花种植面积303万公顷，减少14万公顷。油料种植面积1 310万公顷，减少3万公顷。糖料种植面积146万公顷，减少11万公顷。2021年我国粮食总产量68 285.1万吨

（表3），比2020年增加1 336万吨，增产2.0%。其中，稻谷产量21 284万吨，增产0.5%；小麦产量13 695万吨，增产2.0%；玉米产量27 255万吨，增产4.6%（图3）。2021年棉花产量573万吨，比2020年减产3.0%。油料产量3 613万吨，增产0.8%。糖料产量11 451万吨，减产4.7%。受播种面积下降影响，2021年我国的大豆产量为1 640万吨（图3），同比下降16.4%。习近平总书记在2022年全国两会期间强调，要优化布局，稳口粮、稳玉米、扩大豆、扩油料，实打实地调整结构保证粮食年产量保持在1.3万亿斤以上，确保中国人的饭碗主要装中国粮，把握粮食安全主动权。

图3　2017—2021年我国主要粮食产量情况

数据来源：国家统计局。

（2）质量安全是粮食产业高质量发展的迫切要求

第一，保障食品安全是前提。2016年，我国开始实施《粮食质量安全监管办法》，在加强粮食经营质量安全管理、规范粮食检验、保障粮食质量安全方面取得了良好成效。但随着经济社会的快速发展，粮食质量安全监管工作面临着新形势。2022年2月，国家发展改革委聚焦粮食流通环节的质量安全管理制度、粮食安全监测检测能力、监督管理处罚等方面，对现行《粮食质量安全监管办法》进行了修订和完善。修订后的监管办法，在保护粮食生产者的积极性、维护粮食经营者和消费者的合法权益、加强粮食质量安全监督管理、保障国家粮食质量安全等方面将起到积极作用。

第二，食物质量提升是粮食产业高质量发展的重要路径。深入推进优质粮食工程，是构建新发展格局，加快粮食产业高质量发展的迫切需要，有利于大力推动延伸产业链、提升价值链、打造供应链"三链协同"，发展粮食全产业链经营模式，提高粮食产业质量效益和竞争力，更好地满足人民群众粮食消费升级。2021 年年底，国家粮食和物资储备局印发了粮食绿色仓储、粮食品种品质品牌、粮食质量追溯、粮食机械装备、粮食应急保障能力、粮食节约减损健康消费提升等"六大提升行动"方案。

第三，粮食消费结构和需求不断升级。随着中国经济发展和人民收入水平的提高，居民食物消费结构不断转型升级，实现了由传统的粮食消费为主的"吃得饱"向注重营养搭配的"吃得好"的转变，具体表现为大米和小麦等主食消费比例下降，肉蛋奶及水产品等动物性蛋白食品比例上升。与此同时，消费结构升级也提高了居民对口粮消费品质的要求，导致优质大米和专用小麦需求的快速增长。例如，近年来有机大米以其天然、绿色和健康的特点越来越受到消费者的关注和认可；富硒、富锌的粮食新品种以及降血脂、降血糖等具有辅助作用的功能性粮食食品需求出现较大幅度增长。

3. 掌握粮食安全主动权

第一，掌握粮食进口的主动权。当前，我国的粮食对外依存度达到了新高。2021 年我国累计进口粮食超 1.6 亿吨（表 4），相当于总产量的 24%，达到了历史新高。这表明我们大口径的粮食对外依存度已越来越高，令人担忧。水稻和小麦是我国两大口粮作物，全国 60% 的人口以稻米为主食，近年来我国产需平衡有余，2021 年播种面积 4.49 亿亩、产量 2.13 亿吨。全国有 40% 的人口以小麦为主食，2021 年播种面积 3.54 亿亩、产量 1.37 亿吨，受小麦、玉米价格倒挂等因素影响，小麦饲用替代明显增多，产需形势由宽裕转为趋紧。对于这两个品种，进口主要是调剂余缺，国内外价差扩大会刺激进口量，不过总体来看对外依赖度低，口粮绝对安全地位无虞。玉米是我国第一大粮食作物，也是重要的饲料和工业原料。2021年播种面积6.5亿亩、产量2.73亿吨，近年因饲用消费和加工消费增加，产需缺口有所扩大，供求关系由基本平衡转向趋紧，最近两年进口突飞猛增。从2016—2021年，我国玉米对外依赖度提升较多，达9.4%。大豆和油料是我国对外依存度最高的两种产品。大豆近五年平均进口依赖度为87.88%。棕榈油近五年平均进口依赖度高达99.97%；菜籽油近五年的平均进口依赖度为14.45%，2020年进口依赖度超20%。"扩大豆、扩油料"正是接下来政策发力点所在。在此背景下，确保谷物特别是口粮充分自给非常重要。2022年以来，受多重因素影响，国际粮食价格呈现上涨态势。受价格上涨推动，2022年第一季度我国粮食进口金额同比增长20%，大豆进口金额增长18%。

表4　2021年部分粮食进口量、总产量及对外依存度

粮食种类	进口量/万吨	总产量/万吨	对外依存度/%
粮食总计	16 453.9	68 285.1	19.4
其中：大豆	9 651.8	1 640.0	85.5

数据来源：国家统计局、海关总署。

粮食安全并不意味着盲目排斥粮食进口。只要掌握了粮食安全主动权，就可以适度进口粮食。只要不出现中国急需粮食进口而无法找到粮源，或者中国因进口粮食而被别人牵着鼻子走，或者中国因为进口粮食而遭受国际谴责，就可以说是掌握了粮食进口主动权。总体上，除了实施粮食进口多元化战略和配套形成主要农产品供给保障应变能力外，根本仍在提升国内粮食生产能力。2022年第一季度，我国已启动实施国家大豆和油料产能提升工程，将大豆、油料扩种目标任务落实到省、市、县。下一步，国家将坚持综合施策、精准调控，有效保障国内粮食市场供应，在稳口粮、稳玉米的同时，努力扩大大豆生产。

第二，要强化粮食体系韧性。粮食体系韧性是指粮食体系抵御冲击的能力，以及在遭受损害后的自我恢复能力。在各类"黑天鹅"和"灰犀牛"事件发生的背景下,我国粮食体系的应急保供能力、抵御灾害能力、灾后恢复能力亟待提升。一是应急保供能力需要持续提升。在疫情常态化防控的背景下,提升全国粮食应急保供能力,建立涵盖加工、供应、配送、储运的粮食应急保障体系显得十分重要。粮食应急储备需要不断夯实,粮食监测预警能力需要不断加强,粮食应急预案体系需要不断健全,粮食应急保障制度需要不断完善。与此同时,部分地区仍然出现了粮食应急保供问题,例如采配效率不高、人力运力不足、违法哄抬价格等,仍需解决。二是抵御灾害能力需要持续提升。近年来,农田水利和高标准农田建设取得了明显成效,为实现抗灾夺丰收发挥了重要作用。加快实施"藏粮于地、藏粮于技"战略,保障粮食和重要农产品有效供给、全面推进乡村振兴和为农业高质量发展提供坚实支撑,还必须进一步提升抵御灾害能力。三是灾后恢复能力需要持续提升。完善防灾减灾体系建设、促进灾后恢复能力提升,是全面提升粮食体系韧性的重要组成部分。近年来,农业自然灾害频发,能否及时在灾后恢复农业生产,关乎粮食丰收主动权问题。2021 年河南特大暴雨后,农业农村部加大了对河南农业救灾的资金支持、技术指导和物资保障,尽最大努力帮助河南做好灾后农业生产恢复和农村重建工作,毫不松懈地抓紧抓实秋粮生产和防灾减灾,取得了良好效果。从长远来看,还需要提升灾后恢复农业生产的能力。

4. 严守耕地红线

保障国家安全的根本在于耕地,耕地是粮食生产的命根子。农民可以非农化,但耕地不能非农化。2022 年中央一号文件提出,落实"长牙齿"的耕地保护硬措施。实行耕地保护党政同责,严守 18 亿亩耕地红线,归纳起来就是"保数量、提质量、管用途、挖潜力"。

第一,耕地数量需要保证。根据第三次全国国土调查数据,我国耕地面积 19.18 亿亩,园地 3 亿亩,林地 42.6 亿亩,草地 39.67 亿亩,湿地 3.5 亿亩,建设用地 6.13 亿亩。据统计,1957—1996 年,我国耕地面积年均净减少超过 600 万亩;1996—

2008 年，耕地面积年均净减少超过 1 000 万亩；2009—2019 年，耕地面积年均净减少超过 1 100 万亩。现有耕地 19.18 亿亩，如果以年均 1 100 万亩的速度减少，10 年后可能会突破 18 亿亩红线，因此必须要保证耕地数量。重点在于"三个定"：定线，即按照耕地和永久基本农田、生态保护红线、城镇开发边界的顺序，统筹划定落实三条控制线；定位，即要足额带位置逐级分解下达耕地保有量和永久基本农田保护目标任务，哪块地是耕地、哪块地是永久基本农田都要落到具体的地块上，要做到清清楚楚、一目了然；定责，即由中央和地方签订耕地保护目标责任书，并作为刚性指标，实行严格考核、一票否决、终身追责。

第二，耕地质量需要提高。根据农业农村部 2019 年的耕地质量等级公报，全国耕地按质量等级由高到低依次划分为 1~10 等，平均等级为 4.76 等，较 2014 年提升了 0.35 个等级。其中，评价为 1~3 等的耕地面积为 6.32 亿亩，占耕地总面积的 31.24%，这部分耕地基础地力较高、障碍因素不明显，应按照用养结合方式开展农业生产，确保耕地质量稳中有升；评价为 4~6 等的耕地面积为 9.47 亿亩，占耕地总面积的 46.81%，这部分耕地所处环境气候条件基本适宜、农田基础设施条件相对较好、障碍因素较不明显，是今后粮食增产的重点区域和重要突破口；评价为 7~10 等的耕地面积为 4.44 亿亩，占耕地总面积的 21.95%，这部分耕地基础地力相对较差、生产障碍因素突出、短时间内较难得到根本改善，应持续开展农田基础设施建设和耕地内在质量建设。提高耕地质量，首先是抓高标准农田建设，2022 年将建设 1 亿亩高标准农田，累计建成高效节水灌溉面积 4 亿亩，同时要加大中低产田改造力度，提升耕地的地力等级。要加强耕地占补平衡的全程监管，确保补充耕地可以长期稳定利用，真正实现补充耕地的产能与所占耕地相当。

第三，耕地的用途管制需要强化。例如，黑土是世界公认的肥力最高、最适宜农耕和最具生产潜力的土壤，被誉为"耕地中的大熊猫"。然而，近年来黑土盗采严重、流失速度快，加上诸多其他原因，我国黑土区耕地出现退化，肥沃的黑土变得越来越"瘦"、越来越"薄"、越来越"硬"，成为威胁我国粮食安全的严重隐患。2021 年 12 月 16 日，中央生态环境保护督察组现场督察发现，黑龙江省绥化市在建的交通项目非法侵占大量黑土耕地。因此，要抓黑土地的保护，深入推进国家黑土地保护工程，实施黑土地保护性耕作8 000万亩。严格限制耕地转为建设用地、加大执法监督力度、严厉查处违规违法占用耕地从事非农建设的行为刻不容缓。

第四，耕地的潜力需要挖掘。耕地后备资源是实施土地整治的重要基础，与严格保护耕地红线、有效利用国土资源、切实保障国家粮食安全等工作密切相关。全国耕地后备资源主要包括荒草地、盐碱地和裸地等。长期以来，各地通过开发利用耕地后备资源，有效补充或新增了耕地。特别是在非农建设占用耕地时，耕地后备资源的开发利用为实现耕地占补平衡提供了重要保障。但同时也要看到，中国耕地后备资源开发利用还面临不少挑战，需要引起高度重视。要支持将符合条件的盐碱地等后备资源适度有序地开发为耕地，对于一些具备开发条件的空闲地、废弃地，可以在保护生态环境的基础上，探索发展设施农业，破解耕地、光热等资源的约束。

5. 掌控核心种源

在有限的耕地上多产粮、产好粮，种子是关键。2022 年 4 月 10 日，习近平总书记在海南省三亚市崖州湾种子实验室考察调研时强调，种子是我国粮食安全的关键。只有用自己的手攥紧中国种子，才能端稳中国饭碗，才能实现粮食安全。种源要做到自主可控，种业科技就要自立自强。这是一件具有战略意义的大事。

农业生产主要依靠种子，种子是决定作物产量的内因，肥料、水土等都是外因，能不能增产、品质好不好，最终是靠种子这个内因决定的。种子是农业的"芯片"。中国农业发展的环境容量刚性约束越来越强，耕地面积受到限制、土壤退化，通过其他方式提高农业产能的潜力已经越来越小。统计数据显示，2021 年良种对我国粮食增产的贡献率已经达到 45％，未来提高农业产量的根本出路和核心就是种子。中国高度重视种质资源的收集和保存，是种质资源大国，2020 年农作物种质资源已达 52 万份，仅次于美国的 55 万份，位居世界第二，尤其是主粮种子基本上都是"中国种"，水稻、小麦的育种水平、产量水平在全球都处于领先地位。与此同时，中国的种业发展还存在一些短板。比如，玉米、大豆的单产相比于美国仍然较低，很多种质资源没有优势，大豆、玉米、高端蔬菜、糖料作物等种质还依靠国外。虽然种子品种数量很多，但缺乏最基础、最顶层、最原始、像杂交水稻一样的创新品种，创新效率较低。

目前，在掌控核心种源方面，我国正在不断探索。2021 年，中央制定了《种业振兴行动方案》，将全面推进种质资源保护利用、创新攻关、企业扶优、基地提升、市场净化五大行动，逐步实现种业科技自立自强、种源自主可控。2022 年中央一号文件提出，要大力推进种源等农业关键核心技术攻关；全面实施《种业振兴行动方案》；加快推进农业种质资源普查收集，强化精准鉴定评价；推进种业领域国家重大创新平台建设；启动农业生物育种重大项目；加快实施农业关键核心技术攻关工程，实行"揭榜挂帅""部省联动"等制度，开展长周期研发项目试点；强化现代农业产业技术体系建设；开展重大品种研发与推广后补助试点；贯彻落实《中华人民共和国种子法》，实行实质性派生品种制度，强化种业知识产权保护，依法严厉打击套牌侵权等违法犯罪行为。2022 年 3 月，中国正式施行新《中华人民共和国种子法》，打击假冒伪劣种子，鼓励中国种业向国际标准靠拢，进行高标准创新。

（二）全局性和系统性风险依然突出

当前，农业领域中诸多风险可能会传递到其他领域，具体表现为农业面源污染风险仍然突出、农业碳减排压力大、农产品质量安全风险仍然存在、农业供给链风险不断凸显、政策执行偏差风险时有发生、农村金融风险需要防范化解等。

1. 农业面源污染风险仍然突出

2022 年中央一号文件提出，要"加强农业面源污染综合治理，深入推进农业投入品减量化，加强畜禽粪污资源化利用，推进农膜科学使用回收，支持秸秆综合利用"。农业面源污染主要来自种植业和养殖业两个方面，治理农业面源污染对改善农村生态环境，推进农业绿色高质量发展具有重要意义。

近年来，各级农业农村部门深入实施农业绿色发展五大行动，强化投入减量、绿色替代、循环利用，农业面源污染防治取得积极进展。第二次全国污染源普查结果表明，在保障粮食和重要农产品供给充足的前提下，与 10 年前相比，农业领域化学需氧量、总氮、总磷排放分别下降 19%、48%、25%，实现了"增产又减污"，绿色的底色越来越亮。与此同时，农业面源污染结构性、根源性、趋势性压力仍然较大。一是污染排放总量较大。化肥农药使用量仍处高位，流失风险高。畜禽养殖粪污产生量大，规模以下养殖场处理设施不完善，粪污尚未得到有效处理。二是有效治理模式缺乏。现有农业面源污染治理措施整体性、系统性不强，缺少适合不同区域的综合治理模式。三是长效运行机制尚未建立。农业面源污染治理投资大、见效慢，社会资本、农户参与积极性不高，市场主体少，市场培育的激励机制还不健全。此外，2020 年，我国水稻、玉米、小麦三大粮食作物化肥利用率为 40.2%、农药利用率为 40.6%，与欧美发达国家 50%～65% 的化肥利用率、50%～60% 的农药利用率相比，仍存在较大差距。

2. 农业碳减排面临压力

2020 年，习近平总书记在第 75 届联合国大会一般性辩论上郑重宣布，我国将力争 2030 年前实现碳达峰、2060 年前实现碳中和，这是基于推动构建人类命运共同体的责任担当和实现可持续发展的内在要求做出的重大战略决策。农业是重要的温室气体排放源，据 FAO 统计，农业用地释放出的温室气体超过全球人为温室气体排放总量的 30%，相当于每年产生 150 亿吨的二氧化碳。农业生产的刚性增长，必然会带来碳排放的刚性增长，因此需要从低碳或零碳新能源供给、减碳固碳技术政策等方面来达到平衡。由于长期以来，我国对农业节能减排问题与潜力的重视程度不足，导致基数不清，技术也不配套，进展相对迟缓。此外，自1979年以来，农业领域能源消耗的碳排放一直呈上升趋势，能源消耗碳排放量从1979年的3 002万吨持续上升至2018年的2.37亿吨，增加了近7倍，能源消耗带来的碳排放占比已达到农业碳排放的27.2%，超过化肥成为第一大排放源。农村能源消费主要包括炊事、取暖、照明等生活用能，以及农林牧渔业等生产用能。由于农村能源消费占我国一次能源消费总量比例远低于工业，农村能源问题往往成为被忽略的角落。实际上，在"双碳"目标与乡村振兴战略的双重历史责任下，农村能源转型迫在眉睫。未来，我国农业机械化还有提高的空间，由此产生的能源消耗带来的碳排放还将进一步上升，这将增加中国农业实现碳达峰与碳中和目标的不确定性。

2021年全国碳交易市场正式开启，前期纳入了电力行业，钢铁、水泥、化工等也将陆续纳入。目前，农业碳排放测算体系还不完善，农业碳排放清单以及排放系数等需要进一步健全。农业碳交易面临的困难主要有：一是相比工业碳排放，农业碳排放源头多且方式复杂，观测与统计农业碳排放量存在一定的技术与现实难题；二是目前尚没有一套被广泛认可的农业碳排放监测、报告和核查等评估工具和指标，农业碳信用的评估体系仍需完善；三是中国农业碳排放权主体小且分散，进入碳市场交易成本高。

3. 农产品质量安全风险仍然存在

我国农产品质量安全总体稳中向好，2020年农产品质量安全例行检测合格率达97.8%，2021年农产品质量安全例行检测合格率达97.6%。农业农村部还对2022年冬奥会、冬残奥会、"两节"期间农产品质量安全工作作出部署，组织开展监督抽查，严厉打击种植、养殖、屠宰环节使用禁限用药物行为，严格管控上市农产品常规农兽药残留超标问题，确保人民群众"舌尖上的安全"。尽管如此，部分地区、个别品种仍存在一些风险隐患。一是禁用药物等非法使用风险。这种风险在种植、养殖及运输环节都有发生，种植业主要是高毒农药；养殖业主要是牛羊肉检出"瘦肉精"，禽蛋产品检出产蛋期禁用药氟苯尼考、恩诺沙星、环丙沙星，水产品检出孔雀石绿等；收储运环节主要是违规使用保鲜剂、防腐剂和染色剂问题；生猪屠宰环节主要是非法注水注药问题。二是产地环境污染风险。一些地方工业"三废"违规排放，农业生产环境受到破坏，带来农产品质量安全问题，突出表现为南方部分地区稻米镉污染，一些流域大闸蟹等水产品二噁英超标。三是生物毒素侵染风险。小麦、玉米、花生等晾晒或储藏不好，容易霉变，存在生物毒素侵染风险。2015 年 2 月到 2020 年 2 月，国家市场监督管理部门在对面粉质量抽查中共检出 235 批次不合格小麦粉，不合格的主要原因是真菌毒素超标。此外，在全球化背景下，保障进出口食品安全、做好冷链运输农产品疫情防控的重要性不可忽视。

2022 年中央一号文件提出要"完善全产业链质量安全追溯体系"。农产品质量安全涉及从田间到餐桌的整个供应链，包括生产、加工、流通和消费等多个环节。农产品质量安全追溯，是采集记录农产品生产、流通、消费等环节信息，实现来源可查、去向可追、责任可究，强化全过程农产品质量安全管理与风险控制的有效措施。同时，健全全产业链质量安全追溯体系有助于增强消费者对我国农产品的信心、提高农产品生产经营者管理水平、提高职能部门农产品质量安全监管水平、提高我国农产品的国际竞争力，为我国农业的标准化、规模化和产业化提供支持。

4. 农业供给链风险不容忽视

在当前形势下，强调粮食供应链韧性具有更加重要的意义。首先，这是强化粮食保供稳价能力的基础。确保粮食安全，不仅要注重粮食生产体系建设、提高粮食生产能力，而且要加强以"产购储加销"一体化为基础的粮食供应链建设，确保高效协同、安全可控。其次，这是推进粮食产业高质量发展的有效路径。抓好"粮头食尾、农头工尾"，促进从原粮到成品、产区到销区、田间到餐桌的粮食产业链、价值链协同高效、融合发展，既能促进粮食生产提质增效、粮食产业转型升级，也能促进农民增产增收，有效保护和提高农民种粮积极性。最后，这是防范化解重大风险挑战的战略支撑。提高粮食供给体系的弹性，能为牢牢守住粮食保供稳价底线奠定坚实基础。

第一，要保持国内供应链通畅。在全球新冠肺炎疫情起伏不定、世界经济艰难复苏的形势下，粮食安全备受关注，保持国内供应链稳定至关重要。我国粮食供应较为充足、价格平稳，粮食安全总体是有保障的。36 个大中城市主城区及市场易波动地区的地方成品粮油储备达到 15 天及以上，防范市场风险能力增强。粮食应急保供能力日益增强。在疫情防控常态化条件下，国内粮食市场始终保持了平稳运行的良好态势，为保障国家粮食安全提供了坚实基础和有利条件。但在应对突发事件时，可能存在一些物流不畅通、人力运力不够、终端配送的供应问题，这对保持国内供应链通畅提出了更高的要求。

第二，要应对国际供应链问题。自由贸易区（FTA）、贸易便利化、跨境电商和"一带一路"发展合作等显著提升了我国农业市场化程度和贸易开放度，同时也使得我国农业发展受国际市场影响的程度越来越深。新冠肺炎疫情发生以来，世界经济严重衰退，各国内顾倾向加剧，保护主义、单边主义上升，逆全球化有所抬头，一些国家大打"贸易战"，地缘政治问题频发，导致我国农业产业链、供应链循环不畅。总体上，我国粮食安全保障实力较强，但依靠进口粮食进行深加工的饲料、养殖、粮油企业需应对不断凸显的国际供应链问题，防范国际市场短期冲击效应。全球多地出现供应链紧张甚至中断的问题，原材料供应、货运物流、劳动力供给等多环节陷入困境。国际供应链正常运行主要取决于两个环节：一是区域生产环节，二是国际物流环节。总体而言，新冠肺炎疫情仍是全球供应链面临的最大的不确定因素，各主要制造业国家接连受到疫情冲击，加上国际运输网络梗阻，全球供应链出现大量断点。各国开始反思产业链供应链的独立性和自主性问题。可以预见，在疫情结束之后，一些具有国家安全战略意义的全球供应链长度可能会缩短，甚至出现产业链本土化的趋势。

5. 农村金融风险需要防范化解

近年来，我国的农村金融蓬勃发展，农村金融服务体系日益健全，农村金融基础设施建设不断完善，农村金融生态环境持续改善，农村金融服务的可得性、便利性和有效性显著提升，业务规模不断扩大，产品工具不断创新，投资和消费需求不断提升，展现了无穷的潜力。然而我国长期的城乡二元经济体制已经影响了金融领域，农村金融的功能受到各方面因素的约束，对经济的支持功能受到限制。这与农村经济的高风险性和低市场化息息相关，导致农村金融存在信息不对称、风险高以及收益低等问题。

农村金融机构作为最基层的金融机构，是服务县域金融的主力军，守住农村金融机构不发生系统性金融风险的底线，是把握新发展阶段、贯彻新发展理念、构建新发展格局不可或缺的组成部分，更事关农民增收、农业发展和农村稳定，是全面推进乡村振兴、实现共同富裕的重要一环。新冠肺炎疫情暴发以来，我国发展环境更为复杂、发展条件深刻变化，且随着近年来商业银行、村镇银行问题频发，农村金融机构如何防范金融风险成为一道紧迫的现实问题。在新冠肺炎疫情的冲击下，国内外经济下行压力不断加大，我国银行业整体生存环境面临着严峻的挑战。处于我国金融体系末梢的农村金融机构，受自身内生发展能力和外部市场竞争挑战的双重制约，面临的压力和挑战将更为严峻。一是较低的利率水平制约盈利增长。当前，我国的货币政策保持相对宽松，市场利率将维持低水平，银行业利差水平收窄是大势所趋。在利率市场化的背景下，实力更强的国有大型银行拥有市场利率定价的主导权，我国农村金融机构利率定价能力相对不足，面临更大的净息差收窄挑战。二是来自资产和负债的双重压力。自 2015 年以来，农村金融机构存款增速连续低于贷款增速，资产扩张能力不断下降。由于农业产业受自然风险和市场风险的双重影响，农村信贷风险处于较高水平的态势短期内难以改变。三是金融创新不足。数字技术创新和金融科技应用已成为银行业金融创新的主要途径。我国农村金融机构受资金、人才等因素限制，在科技投资门槛高、升级快、运维成本高的背景下，在金融创新投入方面压力较大。同时，信息技术应用也会带来网络攻击、数据泄露、系统瓦解等新的风险，使得我国农村金融机构的创新能力受到较大制约。

6. 价格剧烈波动风险

一方面，农业生产面临要素价格快速上升的问题。虽然我国出台了一系列农业补贴政策保障主要农产品有效供给和市场稳定，但是农业生产面临的要素价格快速上升、市场频繁波动等问题时有发生。农资价格持续上涨，既有市场供求关系和成本上涨推动的合理部分，同时也受国际国内市场原油、煤炭能源紧缺等因素的影响。2020年以来化肥价格持续增长，而2022年年初以来世界化肥市场供应格局受到冲击，价格再次大幅上涨，已成为危及我国粮食安全的重大问题。近年来，粮食生产净利润明显下降，小麦、水稻每亩净利润仅为15～20元，而本轮肥料涨价导致每亩化肥成本增幅达100～140元，远高于粮食涨价带来的收益，进一步挤压了种粮利润空间，削弱了农户种粮积极性，导致部分粮田粗放管理、非粮化经营、撂荒现象频发，严重威胁我国粮食安全及农业高质量发展，给农业生产带来巨大挑战。比如，在西部某种粮大县，尿素由2021年的每袋90元涨到了2022年的每袋130元。一名水稻种植户反映，"水稻每亩化肥支出同比增加了100多元。2021年将大部分收获的大米进行出售，除去农资、人工等开支，全家的纯收入只有2 000多元。这点收入还不如种1亩蔬菜的收入，要不是还在周边打零工，生活压力可想而知"。农资价格持续上升对务农种粮收益存在较大威胁，维护农资市场价格稳定、保护农民群众合法权益显得刻不容缓。

（三）非传统风险造成的影响持续时间长

当今世界正处于百年未有之大变局，新冠肺炎疫情不断反复，地缘政治风险上升，不稳定性、不确定性明显增多，涌现出不少非传统风险，造成了长时间的持续影响。

1. 新冠肺炎疫情不断反复

2020 年以来，新冠肺炎疫情对全球粮食体系造成了较大冲击。一方面，新冠肺炎疫情引发的全球经济下行使全球饥饿人口以及贫困和营养不良人口数量急剧增加。2021 年 7 月 WTO 发布的报告显示，2020 年，全球约有 8.11 亿人面临食物不足的困境，较 2019 年上升了 17.37%；食物不足发生率为 9.9%，较 2019 年上升了 17.86%。另一方面，疫情防控下的隔离政策导致了农田、畜牧、捕鱼、屠宰、肉类加工和包装厂的劳动力短缺，食品生产和加工厂因此停工。此外，受新冠肺炎疫情影响，海运价格飞涨，多家航空公司如英国弗莱比航空公司、加拿大乔治亚航空公司、意大利航空公司等相继倒闭，据 WTO 估计，货物从工厂或农场运送到国境另一边的贸易成本至少上升了 25%。食品供应中断以及交通运输成本上升大大增加了全球粮食供给风险。

第一，生产安全风险。新冠肺炎疫情导致不少地区出现了生产延误、劳动力短缺的情况，有的地区还因为农资运输下行不畅、农资线下购置受限等影响了春耕备耕。例如，吉林省是粮食主产省和重要的商品粮基地，每年粮食产量在 800 亿斤左右，对保障国家粮食安全至关重要。吉林的粮食主要有玉米、水稻，还有一些大豆，一般 3 月、4 月是备耕阶段。水稻在 4 月 4—5 日左右就开始大面积育秧，5 月中旬大面积栽插。玉米在 4 月中下旬陆续播种，"五一"前后进入播种高峰，大豆比玉米播种要晚一点。而吉林疫情主要发生在 3 月，从农时安排和农事活动看，吉林疫情主要影响的是备春耕。2022 年 4 月 22 日，农业农村部、国家卫健委印发了《统筹新冠肺炎疫情防控和春季农业生产工作导则》，统筹抓好新冠肺炎疫情防控和春季农业生产，确保粮食丰收和重要农产品稳定供应。落实粮食安全党政同责、调动农民种粮积极性、抓紧抓实春播夏播、加强工作指导服务。

第二，流通安全风险。新冠肺炎疫情发生后，农产品产销脱节导致部分地区出现产地农产品囤积滞销、价格暴跌，生产者收入受损，销地农产品短缺、物价上涨等情况。长期以来，我国农产品产销存在着标准化程度低、运输成本高、消费体验差、品牌缺失、产品附加值低等问题。具体而言，农产品生产标准化程度低，同一种产品的品质、大小、形状往往不一，产品品质不够稳定。由于生产分散，传统农产品流通链条过长，目前中国约70%的农产品仍采用三级或四级流通体系。如何优化农产品流通模式，是解决农产品流通安全风险的关键。

第三，就业安全风险。2022年4月，国内新冠肺炎疫情多点散发，局部地区发生聚集性疫情，防控形势严峻复杂。新冠肺炎疫情不断反复，给各行各业带来了不同程度的冲击。乡村旅游、农产品销售、农资供应、农民就业、农村基础设施和公共服务建设等农村服务受到影响较大，而且影响持续时间更长。目前，由于疫情的蔓延与防控，农民外出务工就业深受影响，不仅复工时间大大迟滞，还因为就业企业受疫情冲击导致失业风险增加，无工可打、无钱可赚的困难局面较为普遍。疫情引发的产业波动传导到就业波动，最终转化为收入波动。

2. 地缘政治风险上升

当前的国际局势错综复杂，使我国的大宗农产品进口存在一定地缘政治风险。我国的食物供给有相当一部分是依靠国际市场，因此必须努力做好风险的防范和管理，才能确保有效供给。俄乌冲突等地缘政治事件加剧了国际环境的复杂性，增强了国际农业产业链的不稳定性和不确定性，FAO发布的2022年3月食品和谷物价格指数升至了1990年以来的最高水平。自2022年2月24日俄乌冲突以来，国际粮食市场也因此受到冲击，国际粮价高企不下。另外，生产层面，俄乌冲突显著增加了乌克兰小麦、玉米和菜籽作物产量的不确定性。乌克兰的小麦种植区、玉米和菜籽产区随着俄乌冲突的加剧或将受到不同程度的影响。乌克兰能否正常进行春季施肥和冬小麦收割都存在不确定性。俄乌两国在全球小麦出口市场中占比32.5%，并同时供给了全球19%的玉米与80%的葵花籽油。两国的军事行动大大影响了乌克兰小麦和玉米的生产，以及俄罗斯小麦的出口。因此，全球谷物总供给严重收紧。较强依赖从乌克兰和俄罗斯进口小麦的埃及、叙利亚、黎巴嫩等国面临较大的面粉供应危机。与此同时，俄罗斯是全球最大的化肥出口国，其氮肥、磷肥、钾肥均居全球出口前三位，此次俄乌冲突引发的供应削减和经济制裁进一步抬高了国际市场化肥价格。由于购买化肥成本一般占到种植者总经营成本的 33%～44%，化肥价格的上升将进一步影响其他农业主产国的生产，降低全球粮食市场供应量。俄乌双方还是铁矿石、成品和半成品钢以及氖和钯的主要供应商，以上商品的减少阻碍了半导体产品的制造，并抑制了科技农业关键零部件的生产，对农产品生产也会带来间接的不利影响。3—5 月是全球小麦和玉米的重要播种期，俄乌持续冲突会导致 2023 年全球小麦供应量至少下滑 3%～4%，这将进一步加剧全球粮食安全风险。

第一，农产品生产的不确定性不断增加。俄乌冲突影响全球化肥市场波动加剧了国内粮食安全风险，通过推动全球化肥价格迅猛上涨，造成全球化肥供应紧张，从而加剧了国内钾肥供给紧平衡，导致国内化肥价格上涨挤压农民种粮收益空间。化肥价格上涨对种粮成本增加形成直接推动，经测算，涨价将导致玉米每亩生产成本上涨 197～224 元，大豆每亩生产成本上涨 103～117 元，对农民种粮收益造成明显挤压，短期内将直接影响农民对种植品种的选择和对化肥投入量的减少，降低其种粮积极性。调查发现，种粮大户"白忙活不说，还要倒赔钱""肥料价格这么贵，就少用一点"的心态普遍存在。长期看，这将导致粮食单产与总产量下降，推动粮食价格上涨，从而影响国内粮食安全。

第二，农产品市场供应不确定性不断增加。俄罗斯和乌克兰是全球重要的谷物生产大国和供给大国。据有关数据统计，俄罗斯和乌克兰生产了世界 14.3% 的小麦、4.4% 的玉米。俄罗斯也是全球重要的化肥生产和出口大国，其供应情况直接影响着全球生产资料价格。新冠肺炎疫情已使全球粮食供给深受冲击，2020 年 6 月以来，全球粮食价格持续波动攀升，到 2022 年 2 月达到历史最高点。俄乌冲突还将进一步冲击全球粮食市场，呈现传导性、放大性和灾难性。其会对粮食供应链造成影响，产生传导效应，推动全球粮食价格上涨。冲突带来的粮食危机使一些贫困国家"雪上加霜"，给新季生产增添了不确定性，加剧了全球饥饿危机。北半球春播陆续进入高峰，化肥价格翻倍使肥料节约型的大豆更受青睐，美国大豆播种面积和产量预计会创历史新高，但由于局部旱情持续，未来生产情况尚难定论。若冲突和限制措施延续至下半年，巴西化肥紧缺和价格飙升问题将更加凸显，备耕增产难度加大。

第三，农产品国际贸易风险不断增加。我国加入 WTO 已经20 余年，农产品贸易额由 2001 年的 279 亿美元增加至 2021 年的3 041.7亿美元，稳居全球第二大农产品贸易国、第一大进口国、第五大出口国。但我国农业在某些关键领域、核心技术等方面存在被"卡脖子"问题，蔬菜、水果、畜产品等传统优势农产品竞争力不够强、进出口结构不尽合理，仍面临着不小的挑战。加上有的国家设置贸易壁垒，导致不少农产品出口受制于人。近年来，随着经济全球化进程的推进，农产品交易范围已从局部、区域性的市场扩展为全球市场。同时，国与国之间基于农产品保护政策的技术壁垒和贸易壁垒不断增多，全球气候变化、生物质能源发展、农产品资本化等非传统因素对世界农产品市场的影响不断加深，粮食市场供给不确定性大大增加，国际粮食价格波动加剧，导致我国农产品国际贸易风险加剧。例如，中美贸易摩擦的不断升级，导致我国大豆等多种农产品进口受到波及。

3. 国际市场通胀高企

从宏观经济的角度看，适度的通胀对经济发展具有积极的推动作用。但是，一旦通胀过度，就有可能导致购买力与供给的极度失衡，甚至导致全面经济灾难的爆发。从 2021 年开始，原油、铁矿石、天然气、煤炭、粮食等全球大宗商品价格开始大幅上涨，给国内带来输入性通胀压力。海关总署公布了 2022 年上半年我国重要商品的进出口数据。从公布的数据来看，2022 年 1—6 月我国农产品出口总规模达到 3 031 亿元，进口总规模达到 7 360.7 亿元。其中粮食进口总规模达到7 978万吨，同比下降 5.4%，进口额达到2 725亿元，同比增长 16.6%，占整个农产品进口额的 37%。值得注意的是，由于2022年以来国外植物油价格的持续大涨，导致我国食用油进口总量出现大幅下滑，1—6月进口量仅为188万吨，同比大降68%。

4. 舆情风险冲击力强

随着互联网的普及，尤其是自媒体行业的蓬勃发展，网络和各种自媒体平台成为舆情传播与发酵的重要载体和通道，一件不起眼的小事都可能触发"蝴蝶效应"。在社会对"三农"问题关注度不断提高的背景下，关于农业生产、农产品价格、农产品质量安全、农村改革等方面的涉农舆情也在不断增多。一旦出现重大事件，特别是突发性事件等热点问题，极易引发舆情风险，给舆论环境和社会稳定带来负面影响，严重影响相关农产品的正常生产和销售。舆情风险一旦与社会情绪重合，可能会产生较大的冲击力，对社会造成一定的破坏性，甚至有可能爆发大规模的群体心理危机，影响社会稳定。例如，2022年央视"3·15晚会"曝光的"土坑酸菜"事件持续发酵，引发舆论关注，每天有大量互联网信息爆出，波及食品业、方便面业、餐饮业等，涉事品牌、涉事企业众多，对产业链相关企业造成了较大冲击。

三、农业风险管理实践的典型案例

（一）通过服务创新加强农业风险管理

1. 辽宁连石生态科技有限公司的服务

辽宁连石生态科技有限公司在"增产施肥、经济施肥、环保施肥"理念的指导下，主打的富硒硅钙钾镁土壤调理剂可以有效改善土壤结构，破除土壤板结，提高土壤墒值及有机质的含量，提高氮肥和磷肥的利用率，减少因肥料产生的环境污染，对现代生态农业生产发展有重大的促进意义，也为乡村产业振兴提供了坚实的生产资料与技术保障。

2. 辽宁省农业信贷融资担保有限公司的服务

辽宁省农业信贷融资担保有限公司开发担保测算模型，创新并完善风险评估和保障机制。基于农业经营大数据的担保测算模型可对风险进行准确评估、计量，进而针对"担保与否、担保额度、反担保措施、担保期限、担保费率、用款方式、还款方式"等担保七要素进行赋值，目前已经开发出水稻种植、生猪养殖、棚室蔬菜种植等 17 个农业经营品类的决策计量模型，全面融入调查、审查、审批流程，提高了工作效率和风控水平。通过在金农农民之家的核心服务功能中植入金融业务板块，在全省 756 个农民之家站点推广金融服务应用。依托其服务体系和专业性，多种渠道开展农业全产业链服务，将农业金融服务与产业发展相结合，解决了服务模式单一、用户黏性差的问题。

3. 中国石油天然气集团有限公司——独山子石化公司推动金融服务创新

中国石油天然气集团有限公司——独山子石化公司在新疆察布

查尔县推动储备林项目的金融产品创新。规范融资项目管理，强化金融产品创新，大力推行"林权抵押＋政府增信"、林业 PPP[①]、"龙头企业＋基地＋林业合作社＋林农"等可复制、可推广的融资模式。借鉴重庆、贵州等省（直辖市）经验，用好自治区级和市级担保公司，创新融资体制机制，优化信贷模式，简化审批手续，提高放款效率。

4. 黑龙江省兰西县双太村股份经济合作社服务创新

黑龙江省兰西县双太村股份经济合作社与中国中化集团有限公司、中粮集团有限公司等企业合作，推出了"粮食银行"，以存粮当日的价格为保底价格，将粮食储存在粮食企业，农户可以在储粮的1～2个月内根据粮食的市场价进行二次定价，降低在产后环节可能出现的风险，帮助农民保值增收，同时缓解集中收粮的压力，节省资源配置的成本。

（二）通过产品创新加强农业风险管理

1. 杭州市开发特色农业主体综合保险

为最大限度满足新型农业经营主体对保险的综合需求，杭州市农业农村局（杭州市乡村振兴局）创新出台了《杭州市政策性特色农业主体综合保险试点实施方案》，针对所有农业经营主体实现多险合一，将现代农业生产经营过程中可能遇到的成本、收益、财产、人身等风险进行一体化、综合性管理。特色农业经营主体综合保险财政补贴保费比例达 80%，其中，市级财政补助 40%，县（区）级财政补助 40%，由中国人民财产保险股份有限公司杭州市分公司、中国太平洋财产保险股份有限公司杭州中心支公司、中国人寿财产保险股份有限公司浙江省分公司 3 家主体共同承保。特色农业经营主体综合保险实现多个保险产品的购买，所有险种集约到一张保单上，一目了然，操作简单，只需填写一张投保单，满足

---

① PPP 是政府和社会资本合作，此处林业 PPP 是指运用政府和社会资本合作模式推进林业建设。

"一揽子"保障的需求。

2. 中航安盟保险水产养殖风险管理

中航安盟保险研发的水产养殖保险产品经营区域已由成都发展到乐山、内江、资阳、宜宾、自贡、绵阳、南充、遂宁、广元10个地市共23个县（市、区），为全省特别是成都渔业生产发展和新渔村建设提供了有力的保障。

第一，创新经办模式。通过充分论证，科学制定了水产养殖保险方案，即以县（市、区）为单位，确定一个品种的单位面积养殖密度、放养模式、平均产量，再根据水产行业主管部门和养殖户的数据计算，得出县（市、区）水产品种的平均产量。选择当地渔业合作社或协会作为协办单位，利用其熟悉当地水产养殖情况和技术优势，推动承保更加精准、理赔更加高效。

第二，依靠科技赋能。引进高新技术构建了一套"智慧水产"的防灾减灾新模式，以科技赋能促进渔业产业升级和现代化发展。聘请科研院所专家定期对养殖户开展培训，提高养殖技术水平和疾病防控能力。协助养殖户规范池塘选址修建，加强池塘清淤、消毒等日常管理。

第三，提供增值服务。在发展水产养殖保险的同时，还积极发挥自身优势，帮助养殖户解决经营中的各种难题，为其提供增值服务。开创了渔期养鱼、休渔期种植羊肚菌的"鱼菌轮作"的种养循环模式，助力农户增产增收，获得了"一池、两品、双丰收"的成果。为缓解养殖户"融资难、融资贵"问题，与地方银行合作，发展"保险＋信贷"模式，使农户、养殖大户、专业合作社可以用保单质押贷款。

3. 油莎豆在新疆生产建设兵团三师54团的推广应用

2017年以来，新疆生产建设兵团三师54团将油莎豆作为主导产业，进行引进并大面积种植，2021年规模扩大到2万亩，建成了国内集中连片种植面积最大的油莎豆基地，成立了"满疆红油莎豆农民专业合作社"，动员325户职工群众加入合作社。54团采用"冬小麦＋油莎豆"的两年三季种植模式，2019年以来累计推广种植油莎豆 5 万余亩，通过科学管理，单产逐年提高。2021 年亩物化成本 1 100 元左右，按亩产干豆 350 千克、产饲草 300 千克计算，亩产值约 2 500 元，除去劳动力成本和土地费，亩收入可达 900～1 000 元，接近种植棉花的收入，是种植玉米收入的 1.5 倍。54 团一连有种植经验的职工吴琦反映，他种了 40 亩油莎豆，每亩利润高达 1 200 元。

（三）完善"保险＋期货"产品设计

1."大商所农民收入保障计划"湖南慈利县生猪价格险

2021 年大有期货积极参与"大商所农民收入保障计划"，在已经连续两年承做生猪饲料价格保险项目积累了丰富的实践经验的基础上，大有期货继续积极推进生猪价格保险项目，助力生猪产业健康发展。大有期货联合南华期货在大连商品交易所的组织指导和湖南省财政厅的大力支持下，于 2021 年 6 月 30 日在湖南省慈利县开展了"保险＋期货"生猪价格保险项目。项目共分三期开展，总保费为 428.6 万元，共承保生猪 69 596 头，保险保障金额高达11 806.4 万元，最终产生赔付 481.5 万元，赔付率 112.35％。保险公司与大有期货风险管理子公司夯石商贸进行场外期权交易实现再保险；夯石商贸通过在期货市场复制看跌期权，将风险转移至期货市场。交易到期后，若结算价格低于目标价格，夯石商贸将复制期权收益拨付给保险公司，保险公司就将目标价格与结算价格的差额赔付给生猪养殖户。为未来尝试生猪养殖利润保险奠定坚实基础，有利于进一步促进生猪产业链健康发展，保障养殖主体风险管理需求。

2."大商所农民收入保障计划"同江玉米收入保险试点

在大连商品交易所和各级政府的大力支持下，浙商期货、人保财险、黑龙江金象生化等相关主体开展了同江玉米收入保险项目，本项目采用"收入险＋基差收购"模式，保障农户在受到自然灾害或在玉米价格下跌的情况下收入稳定。基差采购，通过金象生化与部分投保农户签订利用玉米期货价格点价卖粮的购销合同，改变农户以往售粮方式，解决农户销售问题，形成了以期货价格为卖粮依据的新型订单农业模式。项目覆盖玉米种植面积 27.97 万亩，承保现货 12.47 万吨，保障金额达 2.7 亿元，惠及农户 313 户（其中合作社 3 家），保险赔付 3 307.14 万元，赔付率 144.6%。

对比黑龙江地区传统政策性保险，成本保险保额不到 400 元/亩，大灾保险保额 670 元/亩，而此次收入保险，农户仅仅支出 15 元/亩的保费就获得了 962.47 元/亩的收入保障。对于靠天吃饭的农户而言，本次"保险＋期货＋基差收购"模式帮助农户实现种地期间保收入、秋收期间保销售。冬至春来，在春耕前农户实现了价格确定、销路确定和收益确定，稳定了农户生产预期，避免了生产盲目性。项目团队联合金象生化开展了农民"二次增收"模式的探索，成功引入基差收购环节，帮助 21 户农户实现销售端额外收益 38.54 万元/吨，共签订合同 25 000 吨，实际送粮 10 043.564 吨，场外期权涉及名义本金达 85.66 万元。

试点项目在玉米价格下跌、产量严重受损的复杂背景下，起到了良好的保障作用，通过探索"保险＋期货＋基差收购"模式，拓展了"保险＋期货"试点空间，增强了农民生产积极性和主动性，充分发挥了期货市场在服务"三农"、乡村振兴等国家战略中的重要功能。

3. 光大期货兵团九师甜菜"保险＋期货"项目

2021 年光大期货联合中华财险新疆分公司开展了郑州商品交易所兵团九师甜菜"保险＋期货"县域覆盖项目。项目地点位于新疆生产建设兵团第九师，项目覆盖甜菜 6 万多亩，基本实现了对九师甜菜的全覆盖。项目总保费由郑州商品交易所支持、兵团九师财政局支持、期货公司支持和农户自缴 4 部分构成。该项目附加订单收购、银行信贷、基差收购的模式，实现了对九师甜菜产业链完整的服务。

4. 苹果"保险＋期货"收入保险实践

2021 年 8 月，长江期货股份有限公司联合中国人民财产保险股份有限公司陕西省分公司，在郑州商品交易所和陕西省黄陵县政府的大力支持下，实施了苹果"保险＋期货"收入保险试点项目。保险公司根据承保时间和历史价格波动等因素，并参照苹果期货价格，设计保险产品。果农通过保险公司购买苹果保险来保障自身收益。在一定时期内，当标的价格达到赔偿条件时，果农可以按照约定获得经济赔偿，从而弥补价格波动带来的损失。在保险公司承担了一部分风险后向期货公司风险管理子公司（期货子公司）购买苹果场外期权，支付权利金，转移另一部分风险；期货公司风险管理子公司利用其专业技能，设计相应的场外期权合约，进入期货市场进行风险对冲。"保险＋期货"收入保险可以分为产量端和价格端，产量端由保险公司实际承保，价格端由期货公司实际承保，让果农在产量和价格两个方面都没有后顾之忧，更有利于为农民提供长期可持续的保障。项目实施后，农民从被动接受果商价格变成了参考苹果期货价格并与果商商议收购价格，从对保险产品的不重视变成了积极学习期货知识并争先恐后的投保。果农稳产增收效果明显。

（四）加强遥感技术的应用

1. 辽宁义县玉米收入险卫星遥感监测实践

卫星遥感和地面测产相结合的农作物估产技术主要流程如下。测产分为 ABC 三步，A：遥感卫星筛选高产、中产、低产等样本区；B：地面传统法测产，样点科学地分布到 A 中，得出初步产量；C：回归遥感，精算区域整体产量，把样点产量特征结合遥感指数、气象因素、地势信息、病虫害因素等建立本地化产量模型，精算出区域产量。

航天信德基于传统专家测产和卫星遥感的方式对全县玉米进行了测产，协助义县的理赔工作，在一周内完成全县的玉米测产、定损工作，最终赔付金额与上报赔付金额相比降低了40％。

义县测产方案主要是利用卫星遥感对承保区域进行筛选分级，得到高产区、中产区、低产区。利用分层抽样的思想选取合适点位，例如义县测产时选取了 90 个测产样地，既满足数量合理性也具有分布科学性。选定样本地后进行地面传统法测产，用专家丰富的农学知识结合国家级的测产标准实地测产得到样地产量值。最后回归遥感，精算区域整体产量，把样点产量特征结合遥感指数、气象因素、地势信息、病虫害因素等建立本地化产量模型，精算出区域产量。遥感结果透明公开公正，大大减少了保险各方可能发生的争议。

2. 河南洪涝灾害卫星遥感检测实践

由于洪涝灾害具有范围大、空间分布广泛的特点，通过地面观测方法或者使用无人机拍摄大范围洪水具有很大的局限性。卫星遥感观测技术具有覆盖面广、时效性强、重返周期短、可连续观测的特点，可对洪涝发生区域及时进行大范围扫描，既能够客观准确地获取地面真实状况，又能够刻画地表动态过程，已经成为自然灾害监测的重要手段之一。航天信德对河南郑州及其周边地区在 2021年 7 月 20 日和 7 月 21—22 日豫北地区特大暴雨形成的城市内涝和河流洪涝淹没地区农作物受灾情况进行遥感监测，为作物灾后损失评估提供重要支撑。航天信德利用多颗卫星观测各自拥有的空间和时间优势的互补，提取地表过程信息，利用灾害前后时间序列多源卫星影像数据，并使用高分系列卫星、高景系列卫星、吉林系列卫星和北京二号系列卫星对河南郑州及豫北地区洪涝淹没情况进行监测，提取识别水体信息，与灾前光学卫星数据识别的作物分布进行叠加分析，得到作物受灾范围、受灾时间、受灾程度等灾情信息。为保险公司提供客观定量数据和形象直观的图像产品，为作物灾后损失评估和国家灾害救助提供了重要的决策依据。

（五）采取智能化技术管理农业风险

1. 安徽省亳州市谯城区积极打造无人农场

安徽省亳州市探索打造无人农场，为粮食安全蹚出一条高科技之路。一是改造高标准农田。以土地流转、农业"大托管"模式，完善农田设施，将田间基础设施与农场智能化系统连接起来，为全程机械化作业疏通经络。二是适配无人化农机。引进罗锡文院士团队"基于北斗的农业机械自动导航作业"关键技术，选用先进农机装备，为无人农场充实"劳动力"。通过农机管理平台或手机App，实现管理操作指尖化。三是搭建智能化操作系统。监测系统实时掌握地块的病情和需求并定性定量"开方施治"，智慧平台可以观看效果和进行数据分析。

经过一年多的实践，无人农场低成本、高产量的优势充分显现。一是作物增加产量。小麦每亩可增产100多千克、增收200多元，玉米每亩可增产150多千克、增收400多元。二是成本投入减少。全程机械化作业节省了大量人力成本，无人化机械同时能够保证作业的均匀化，避免"大肥、大药"对生态环境造成的破坏，减少资源浪费。三是促进农场、农户、政府多方共赢。无人农场的耕、种、管、收一条龙作业服务，既提高了农机使用效益，又缩短了农忙时间、解放了劳动力，还较好地管控了秸秆焚烧现象。

2. 中国联通智慧金农开展风险管理实践

智慧金农是中国联通响应乡村振兴政策号召，自主研发的一款支农惠农类产品。其主要聚焦种植业和养殖业，通过现场布放摄像头及环控设备，运用卫星遥感、云计算、人工智能（AI）、区块链等新一代新兴技术，采集、分析、应用生产数据，实现了农企、金融机构、政府数据互通。在促进农业企业现代化同时，解决了农业企业投保、贷款的难题，为保险、银行的决策提供数据支撑，为政府提供监管平台，推动农业生产经营数字化转型。以养猪产业为例，智慧金农通过智慧化信息化改造猪场，智慧金农平台面向养殖业开发的AI点数功能，结合物联网监控设备和边缘计算平台实时对电子围栏范围内猪只进行盘点，并根据实际场景进行各维度统计和计算，保证数量的实时性与准确性。平台包括称重理赔、事件预警、产业地图、现场直播、生产管理、金融服务等模块。所有数据上传联通区块链，三方可信，并实现数据的互联互通。智慧金农平台利用物联网、大数据、AI等数据服务金融机构，在降本增效的同时扩大规模，助力猪企理赔投保、足额贷款等。客户可以足不出户，通过Web端和手机端远程实现对农企全方位资产调查。

3. 编制与发布《中国农业生产风险地图册》

中国农业科学院农业风险管理研究中心运用农情、灾情和保险等大数据，在对中国农业生产风险现状进行评估与区划的基础上，编制了《中国农业生产风险区划地图册》。编制依据的数据全面可靠、理论方法科学、结果精度较高。其数据主要来源于国家统计局农业统计数据、农业农村部中国县级农业农村经济统计数据、银保监会农业保险业务数据、典型农户调查数据和一些典型案例研究数据；评估技术采用了国际上通用的基于风险损失评估方法，农业生产损失估计主要依据长期作物产量历史序列数据，并采用大数据融合技术，融合了农业灾情数据、农业保险理赔数据、区域和农户的典型调查数据，对损失估计结果进行修正与完善；在多源数据融合损失估计基础上进行风险模拟、模型估计和风险值计算。地图制作方面，风险等级划分采用了分位数分级法，并针对每一种农作物采用了国际上通行的配色标准。《中国农业生产风险区划地图册》对我国政策性农业保险中央补贴的 11 个作物品种——水稻、玉米、小麦、棉花、大豆、马铃薯、油料作物（油菜、花生、芝麻）、糖料作物（甜菜、甘蔗）进行风险评估与区划。《中国农业生产风险区划地图册》分为全国篇和分省篇，全国篇是全国省级分品种作物的生产风险区划地图，而分省篇则是全国 31 个省份的县级分品种作物的生产风险区划地图，其中台湾省、香港特别行政区和澳门特别行政区因无相关数据资料不包含在本地图册内。本地图册是我国第一部全面反映我国各省、市、县主要农作物生产风险空间差异的大型图册，共编制了 288 张地图，充分展示了我国主要农作物生产风险的区域分布特点。

四、农业风险管理存在的突出问题

（一）对农业风险认知严重不足

经过近70年的努力，中国已经初步建立起农业风险管理机制和制度，也采用了多种应对农业风险的处置手段。但总体来看，我国农业风险管理制度虽已有雏形，但抵抗和应对农业风险的能力还比较弱，仍处于探索如何认知现代农业发展中的风险以及如何建立完整的中国农业风险管理体系的初期，尚存在诸多问题。

1. 重视当前利益，忽视长远发展

2021年7月中下旬，河南多地遭遇持续强降水，上千万亩农田受灾，500多万亩农田绝收。灾情发生后，当地政府部门及时出台了一些措施。保险公司开展了一些灾情摸排、抢险救灾、灾后生产补救等工作，但农业保险功能发挥十分有限。按照规定，因灾减产10％以上才能叫受灾，因灾减产30％以上为成灾，因灾减产80％以上为绝收。再按照每亩作物产值800元进行测算，河南此次洪涝灾害造成的农作物经济损失达60亿元左右。截至8月10日，因暴雨灾害农险报案1.15万件，估损金额4.92亿元，已决赔付8 618件，向7.79万农户支付赔款3.13亿元。但与造成60亿元的农作物经济损失相比显得杯水车薪。究其原因就是，其中受灾最严重的粮食作物玉米未被纳入当地政策性农业保险的投保范围。2017年为响应中央调减"镰刀弯"地区玉米种植面积的政策，河南省财政取消了玉米保险的政府保费补贴，之后几年一直没有恢复。但玉米又是河南秋季作物的主要品种，近年来播种面

积占比均在 75％以上①。这场洪涝灾害，玉米并不在当地农业保险保障范围之内。实际上，这两年河南已经减少玉米种植面积。为了更好地发挥农业保险的损失补偿能力，河南省需要尽快将玉米等大宗农产品重新纳入政策性农业保险体系，提高其保险覆盖率。当然，不仅是河南省，全国各地都应增加农业保险"增品、扩面、提标"力度。

农业生产经营主体，包括各级地方政府在内，农业风险管理意识还不强。在实际经济活动中表现为各农业生产经管主体或者对风险管理未予考虑，或者对风险管理重视程度不够，或者误认为风险管理就是"入保险"，因而未设专职、兼职的人员或机构进行风险管理活动。从政府的宏观角度看，没有专门的人员、机构从事农业风险管理研究，也缺乏具体的技术操作人员。

2. 重视"点"式管理，忽略"链"式合作

针对全球气候变化加剧，农业产业链条不断延伸、分工更细、同其他产业融合程度更高以及农业新产业新业态大量涌现的新情况和新特点，十多年前经济合作与发展组织（OECD）和世界银行就专门组建了农业风险研究专家组，提出了农业风险综合管理和农业产业链风险一体化管理的新理念，倡议其成员在管理农业风险时要考虑不同对象、不同环节、不同工具之间的交互性。越来越多的国家尤其是发达国家都在积极倡导和践行这一理念。但目前我国的农业风险管理理念仍以"点"式管理为主，不同政策工具都针对某一个特定的风险类型，忽略了不同类型风险以及产业链不同环节风险之间的交互性。在不同产业深度融合的形势下，农业产业链条上任何一个环节的风险事故，都可能向其他环节和领域快速传导蔓延，形成影响整个产业、整个区域的系统性风险。因此，亟须加强风险管理策略和工具的协调、组合和集成，从"点"式管理向"链"式管理和综合风险管理的转变。

---

① 专家解读：农业险这次为何帮不了河南受灾玉米？https：//baijiahao. baidu. com/s？id＝1708209042355341974&. wfr＝spider&.for＝pc。

3. 对农业风险管理与乡村振兴的紧密关系认知不足

农业风险管理事业与乡村振兴战略紧密联系。中共中央、国务院印发的《乡村振兴战略规划（2018—2022 年）》中第十五章第三节"提高农业风险保障能力"中提到，要通过完善农业保险政策体系、积极开发适应新型农业经营主体需求的保险品种、发展农产品期权期货市场等措施大力提高农业风险保障力度。我国已经有了一些农业风险管理的政策、技术和措施，比如应对植物病虫害的植保体系，应对动物疫病的防控体系，还有农业保险、大宗农产品期货等金融工具。但农业风险管理政策、技术和手段通俗来讲还是"散装"的，而不是集成的，甚至有些方面还很零碎。有的领域还非常薄弱，欠账比较多。服务农业高质量发展和乡村振兴，需要我们进一步提升对农业风险管理理念的认识，建立和完善重大理论，提出相关举措。要围绕更好地服务农业高质量发展和实施乡村振兴战略，深入思考农业风险管理所涉及的重大理论问题和政策问题，把农业风险管理作为完善农业支持保护的重要手段，提升到国家战略层面来通盘考虑。

（二）风险预警能力不强

农业风险预警是指对未来农业运行态势进行分析与判断，提前发布预告，采取应对措施，以防范和化解农业风险的过程。农业风险预警包括数据获取、数据分析、数据应用。数据获取是农业风险预警的基础，数据分析是农业风险预警的关键，数据应用则是风险预警的目标。农业风险预警技术包括数据采集、分析处理和推送服务三个方面的技术。2022 年中央一号文件提出，"健全农产品全产业链监测预警体系，推动建立统一的农产品供需信息发布制度，分类分品种加强调控和应急保障""强化农业农村、水利、气象灾害监测预警体系建设，增强极端天气应对能力"。农业作为全面建成小康社会、实现现代化的基础，也应成为新时期风险识别和预警的重中之重，我国迫切需要建立新时期农业市场风险识别、预警和应对机制。

1. 对于事前风险防控的重视程度不足

农业风险管理的实质是整合风险发生前后的每一个环节，以减少风险事件发生的概率。一个完善的风险管理体系应该包括事前风险防控、事中风险控制和事后风险管理。事中风险控制和事后风险管理表现为损失控制和损失补偿，相对于事前风险防控，不可避免地隐含着滞后性，这就要求农业风险管理体系高度重视事前风险防控。现实中，我国的农业风险管理体系以事中风险控制和事后风险管理为主。例如，在事中风险控制方面，"十三五"期间，我国完善自然灾害应急响应体系和应急救援体系。2016年，国务院办公厅发布了《国家自然灾害救助应急预案》，在应对突发重大自然灾害过程中，明确相对应的组织指挥体系、信息报告和发布等细则。在事后风险管理方面，形成了政府自然灾害救助和农业保险两种手段。其中，2010年发布的《自然灾害救济条例》从救助准备、应急救助、灾后救助、救助款物管理等方面规范了救助工作的安排。2012年发布的《农业保险条例》规定，保险机构根据农业保险合同，对被保险人在种植业、林业、畜牧业和渔业生产中因保险标的遭受约定的自然灾害等保险事故造成的财产损失，承担赔偿保险金责任。2016年发布的《中国保监会 国务院扶贫办关于做好保险业助推脱贫攻坚工作的意见》要求，精准对接农业保险服务需求，帮助受灾农户尽快恢复生产。2019年财政部、农业农村部、银保监会和国家林业和草原局印发的《关于加快农业保险高质量发展的指导意见》强调，扩大农业大灾保险试点和扩大大宗农产品保险覆盖面，提高农户风险承受能力。而关于事前风险防控的政策措施较少，以重大自然灾害等常规风险事件为主，对非常规风险事件的事前风险防控（例如重大防疫预警）有待进一步补充。

2. 农业风险预警体系不完善

建立健全有效的农业风险预警机制，既是广大农民和农业企业的需求，也是政府的一项重要服务职能。我国农业风险预警发展较为滞后。在自然灾害预警系统方面，我国的卫星技术、气象预报技术、地球遥感技术、地质灾害监测技术及信息技术等已比较先进，部分技术甚至位居世界领先地位，但这些技术系统互不隶属、各自为战。尽管每个单项监测预警工作做得十分出色，但整体自然灾害预警系统效果还不十分理想。在灾害预警的准确性方面，灾害信息发布得不够公开、及时、有效，自然灾害预警作用未得到充分发挥。在农产品市场预警方面，存在着预警体系不完整、工作不完善等问题。我国目前有关农产品的生产、需求、库存、进出口和市场行情，以及国外农业政策等方面的信息搜集、整理、发布和反馈体系还远远不能适应风险管理工作的需要。我国出口企业不熟悉国外农产品市场状况和进口标准，不了解 WTO 的有关规则及国外政府政策，在起跑线上就落后于外国企业，这阻碍了我国农业企业乃至整个农业竞争力的提高。

（三）农业保险作用发挥不充分

农业保险是专为农业生产者在从事种植业、林业、畜牧业和渔业生产过程中，对遭受自然灾害、意外事故疫病、疾病等保险事故所造成的经济损失提供保障的一种赔偿保险。近年来，我国农业保险市场份额不断增长，农业保险覆盖面和渗透率持续提升，我国已成为全球农业保险保费规模最大的国家。据全国农业保险数据信息系统初步统计，2021 年我国农业保险保费规模为 965.18 亿元，同比增长 18.4%，为 1.88 亿户次农户提供风险保障共计 4.78 万亿元。其中，中央财政拨付保费补贴 333.45 亿元，同比增长 16.8%。为了更好地服务"三农"，保障农业生产安全和降低风险，党中央、国务院相继颁布了一系列政策性文件，不断完善和创新农业保险产品与服务。从 2004 年中央一号文件明确提出要加大农业保险支持力度至 2022 年，历年的中央一号文件都指出要积极发展农业保险，其中 2015—2022 年中央一号文件有关农业保险的论述如表 5 所示。2014 年党中央决定在黑龙江、吉林、辽宁以及内蒙古 4 个省份开展大豆目标价格补贴试点，在新疆开展棉花目标价格补贴试点。2021 年在全国 13 个省份陆续开展了以水稻、玉米、小麦为标的，对适度规模经营农户进行农业大灾保险试点。这一系列政策和措施促进了我国农业保险的发展，为深化农业保险改革和构建现代农业保险体系奠定了基础。2021 年，中央财政安排农业保险保费补贴资金 333.45 亿元，农业保险为超过 2 亿户次农户提供风险保障 5 万亿元；中央财政共安排三大粮食作物保费补贴资金 148.69 亿元，占 2021 年保费补贴资金总额的 44.6%；共安排地方优势特色农产品保险奖补资金 24.07 亿元，较 2020 年增长 100.5%。但现阶段农业保险在发挥补偿作用的同时，依然存在一些问题。

表 5　2015—2022 年中央一号文件有关农业保险的论述

年份	内容
2015	加大中央、省级财政对主要粮食作物保险的保费补贴力度。将主要粮食作物制种保险纳入中央财政保费补贴目录。中央对财政补贴险种的保险金额应覆盖直接物化成本
2016	完善农业保险制度。把农业保险作为支持农业的重要手段，扩大农业保险覆盖面、增加保险品种、提高风险保障水平
2017	持续推进农业保险扩面、增品、提标，开发满足新型农业经营主体需求的保险产品，采取以奖代补方式支持地方开展特色农产品保险
2018	探索开展稻谷、小麦、玉米三大粮食作物完全成本保险和收入保险试点，加快建立多层次农业保险体系
2019	健全农业信贷担保费率补助和以奖代补机制，研究制定担保机构业务考核的具体办法，加快做大担保规模。按照扩面增品提标的要求，完善农业保险政策。推进稻谷、小麦、玉米完全成本保险和收入保险试点。扩大农业大灾保险试点和"保险＋期货"试点。探索对地方优势特色农产品保险实施以奖代补试点
2020	抓好农业保险保费补贴政策落实，督促保险机构及时足额理赔
2021	扩大稻谷、小麦、玉米三大粮食作物完全成本保险和收入保险试点范围，支持有条件的省份降低产粮大县三大粮食作物农业保险保费县级补贴比例
2022	探索开展糖料蔗完全成本保险和种植收入保险。2022 年适当提高稻谷、小麦最低收购价，稳定玉米、大豆生产者补贴和稻谷补贴政策，实现三大粮食作物完全成本保险和种植收入保险主产省产粮大县全覆盖

注：根据历年中央一号文件整理。

1. 保险补贴方式"一刀切"

我国幅员辽阔，气候、地理、农业产业结构等差异大，农业保险产品要根据实际情况，按需经营、差别定价。当前我国农业保险模式是典型的普惠型保险模式，其基本特征是在农业生产的某一领域，处于同一生产类别的农户，不考虑其生产规模、风险水平等因素，全部采取"一刀切"的做法，大部分农户都享受同等的保费补贴。普惠型的保险补贴模式没有充分考虑农业生产经营过程中地区与地区之间风险的差别、农户与农户之间的规模差异，如对于风险频发的地区，"一刀切"的补贴模式使得农业保险补贴的作用突显，而对于风险很少的地区，农户的投保积极性可能会差一些。自实施这种模式以来，虽然农业保险取得了一定成效，但目前商业保险公司未能因地制宜来选择保险类型和费率，无法根据各地区的差异化情况提供有效保障，无法满足投保人多样化的需求，这阻碍了我国农业保险政策的推进。

2. 农业保险经营成本高

当前，我国经营农业保险的保险公司数量不断增加，彼此间展开了激烈的竞争，这有利于提高服务质量，但保险公司经营成本也随之攀升。2007 年前后，市场上经营农业保险的保险公司不多，竞争压力不大，农业保险费用率不超过 15%。但当前，大部分保险公司的费用成本都超过了 30%，费用率最低的保险公司成本也在 22%以上，如果加上"保费准备金"的扣除和再保险费的支出，成本差不多是 40%。近两年全国农业保险的平均简单赔付率约为 75%，不少保险公司的综合成本率超过了 100%。2019 年，全国有 12 个省份的简单赔付率超过全国平均水平 78.5%，有 4 个省份的简单赔付率超过 100%。

3. 农业保险扩面不够和特色农产品保险覆盖率低

我国针对农业保险发展的财政保费补贴无法做到覆盖全部的农业生产，目前三大作物的覆盖率超过 70%，而其他作物不足 20%。随着我国乡村振兴战略的实施，各地积极发展特色农产品，带动经济发展和农民增收，但是这些与农民增收密切相关的特色农产品保险业务开办不足，且地方财政的保费补贴缺乏，导致部分特色农产品未能进入政策性农业保险范围，尤其是在经济发达地区这一现象尤为突出。

4. 农业保险"应收保费"问题突出

"应收保费"是指投保人没有如期交纳的保险费挂账。具体到农业保险，主要是指基层政府拖欠保险公司的各级财政（中央、省、市）已经拨下来的保险费补贴。"应收保费"问题在各省的保险公司中或轻或重都存在，有的公司甚至将农业保险业务十多年前的"应收保费"挂在账上。按照监管部门的规定，"应收保费"超过一年就要按呆坏账处理。这必然影响到公司的正常经营，也影响到财政专用资金合规和安全使用问题。有些县级财政吃紧、缺钱时，会考虑暂缓保费配套资金补贴，所以，保险公司要求县财政把各"应收保费"打到保险公司账上时，往往会被拖很长时间。

5. 粮食产品保险地方配套压力大

农业保险的承保要求地方财政配套。目前的做法是农民先将保费缴入保险公司的县支公司，然后县支公司依据农民缴款单据申请县级财政补贴款。当县级财政补贴资金到位后，保险公司的省分公司依据县级财政缴款凭证向省级财政申请补贴资金。只有地方财政配套到位的情况下，中央财政才给予资金支持。对于经济发达地区，这个补贴比例不存在问题，但是对于农业大省、粮食主产区等来说，地方财力不足就明显构成保费补贴压力。农业大省、大县往往是财政困难大省、大县，地方财政较为困难，主要是"吃饭财政"，地方经济建设主要靠中央转移支付，加之中央很多转移支付专项资金均要求地方财政进行配套，如不进行配套就不能争取到支持，这进一步加剧了收支矛盾。地方财政难以匹配农业保险的保费补贴资金，致使有些县（区）开展农业保险业务规模小，有些县（区）农业保险业务规模大，保险的密度和深度在同一省份的不同县（区）差别明显，造成农业保险畸形发展。

6. 大灾风险分散机制尚未建立

农业的特殊性使其易受到系统性风险的影响，如果出现破坏性极强的巨大自然灾害，会给我国农业生产发展造成严重危害。因此，我们需要巨灾风险保障。我国自然灾害频发，但保险业在巨灾风险中所发挥的作用微乎其微,巨灾保险市场供给严重不足,农业保险也未建立起大灾风险分散机制。比如,我国保险公司常通过再保险和巨灾风险储备来转移和分散风险,但尚未建立完备的巨灾风险储备金,无法满足巨灾风险需求,一旦发生灾难性事故,农民、关联公司和政府都将遭受沉重打击。因此,我们亟须提高农业保险的覆盖率,提高地方财政的保费补贴水平,加快探讨如何建立起中央与地方的风险分担机制。

(四) 农业基础设施薄弱

农业基础设施是指在自然与经济再生产交织进行的生物有机体同环境之间能量转化、物质交换和循环的过程中,必须投入的物质和社会条件有机总体的总和。概括而言,农业基础设施是在农业生产全过程中存在紧密关联的公共要素投入总和。2021 年和2022 年中央一号文件提出,"到 2025 年,农业农村现代化取得重要进展,农业基础设施现代化迈上新台阶""扎实开展重点领域农村基础设施建设"。可见,完善的农业基础设施是实施乡村振兴战略的重要目标,也是实现农业农村现代化的先决条件,对农业经济发展和农民收入水平提高等都起到了极为重要的作用。农业基础设施是一项重要的公共产品,是农业发展所需要的各种基础设施的总称。高标准农田、农机装备、粮食仓储加工等农业基础设施建设,是保障我国粮食安全、补齐农业发展短板、提升农业综合生产能力、推进农业农村现代化的重要举措。"十三五"时期以来,我国农业基础设施建设进展显著,取得了较大的发展成就。2010—2019 年,我国农业机械总动力从 9.28 亿千瓦增加到 10.28 亿千瓦,耕地灌溉面积从60 348千公顷增加到 68 679 千公顷。到 2020 年,高标准农田面积已达 8 亿亩;2022 年年初,高标准农田面积已达到 10 亿亩。然而,相对于农业农村现代化需要,农业基础设施投入仍然不够,资金保障不足、管理不完善等问题仍然存在,直接影响乡村振兴战略的实施和农业农村现代化的推进。

1. 农村发展基础设施建设缓慢

第一，乡村道路建设标准不高。一是区域发展不平衡。近年来，我国农村公路建设发展存在区域上的不平衡，不同区域发展存在很大差异。西部地区由于受自身地理条件限制和落后的经济发展水平制约，大多数农村公路改造修建的难度大。二是农村公路缺少配套的基础设施。近年来，县道的技术等级、质量、抵御自然灾难的附属设施等都得到了很大的提升。然而，乡道和村道项目多、投资规模大，除了以国家补助资金和自筹资金完成主要干道建设外，很难提高公路质量、完成抵御自然灾难的附属设施和公路安全基础设施的建设，这导致乡村公路交通事故频发，农村居民的出行安全受到威胁。据2020年5个省道路交通事故统计数据显示，因违规占道等原因造成的交通事故死亡率占总死亡率的51.3%。其中，违规占道和缺少基础设施是乡村道路发生交通事故的两个主要原因。因此，应该重视并加强公路防护、排水、养护、管理、服务、交通安全、限高和限宽等设施、设备建设，保障农村公路安全畅通。三是工程质量监管不到位。政府监管在农村公路质量保证体系中起着至关重要的作用。地市级交通运输局监督站主要负责大部分地区建设中的县道、重要乡道、中型以上桥梁项目，而其他乡道和村道则由县级交通运输部门监管。在乡村公路施工阶段，大部分乡村公路都是被当地具有相应资历的单位投标成功，施工阶段往往依靠多年经验而非科学的试验测试进行施工，有些单位并没有配备相应的试验监测设备，施工缺乏科学指导和论证，乡村道路安全质量难以有效保障。

第二，农村电网设备差且用电成本高。由于家用电器普及快，一些农村的电力设备显得陈旧落后，变压器老化、能耗高、性能差；导线截面基本偏小，表箱、接户线锈蚀严重、绝缘性能差；有些电线杆破损十分严重，已处于危险状态。所以一旦遇到刮风打雷下雨就发生断电，不仅供电不正常，而且容易引发安全事故。此外，农村电网电能质量差，电压偏低问题尤为严重。由于前期规划不到位，配电变压器没有布置在负荷中心、供电半径超出范围、迁回线多等现象突出。值得注意的是，农村的平均电价高于城镇，农民用电成本高使得弃电现象较多。

第三，农村供水保障工程存在安全问题。主要体现在以下 6 个方面：一是山丘地表水受采矿、工业废水污染，地下水内含有较多金属离子。二是水面粗放养殖较为严重，生活污水随意排放，水体出现富营养化情况；部分地区农民为进一步提升农作物产量，随意使用化肥及农药，导致农村周边环境受到严重破坏，难以有序推动乡村振兴战略实施。三是季节性趋势较为明显。在遇到干旱年份时，水库蓄水量不足。四是群众居住较为分散，实施集中供水的难度较大。五是农村供水采用多头管理方式，没有制定统一行业标准。现有农村供水主要受卫生、环保、住房和城乡建设等部门多头管理，管理职责相互交叉。六是在农户实际用水量较小的情况下，市场效率低、供水成本高、运行费用不足，致使规范化管理欠缺，饮水安全无法得到持续保障。

第四，农村互联网普及情况远低于城镇。从 20 世纪 90 年代开始，我国互联网进入普及和应用的快速增长期，网民数量快速增长。中国互联网络信息中心发布的第 48 次《中国互联网络发展状况统计报告》显示，截至 2021 年 6 月，我国网民规模达 10.11 亿人，互联网普及率达 71.6%，超过全球平均水平 6 个百分点。其中，农村网民占比为 29.4%。如图 4 所示，虽然我国互联网发展起步晚，但自 2006 年以来，全国范围和农村地区的网民规模以及互联网普及率均呈现持续上涨态势。互联网已渗透到社会生活的方方面面，改变着人们的社会、文化和经济行为，成为人们生活中不可或缺的一部分。国家大力扶持信息技术产业的发展，但城乡发展不平衡问题仍然存在。根据中国经济金融研究（CSMAR）数据库数据，2017 年以来我国城乡地区互联网普及率差异首次缩小到 30% 以内，2020 年我国城镇地区互联网普及率为 79.8%，农村地区互联网普及率为 55.9%，城乡差异率为 23.9%（图 5）。但相较于 21 世纪初而言，城乡差距仍然较大。以上统计数据表明，中国城乡居民互联网的普及程度存在显著差异，这将导致城乡居民对互联网的利用方式和利用效率产生巨大差异。

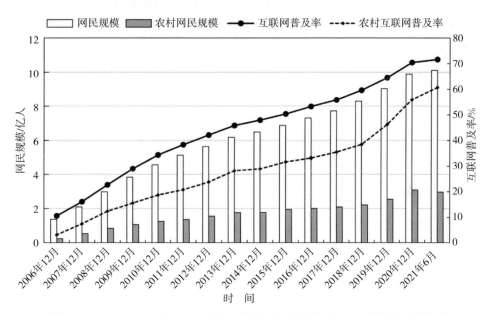

图 4　2006 年 12 月至 2021 年 6 月全国及农村地区互联网发展情况
数据来源：CSMAR 数据库。

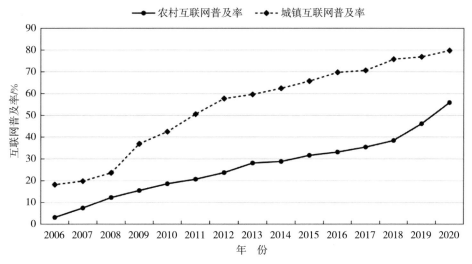

图 5　2006—2020 年中国城镇与农村互联网普及率
数据来源：CSMAR 数据库。

2. 农业基础设施投资存在不足

农业基础设施总体投资情况以农林牧渔业固定资产投资作为衡量指标，其数据来源于历年《中国固定资产投资统计年鉴》和《中国统计年鉴》。我国农林牧渔业固定资产投资规模逐年上升，从2006年的 2 749.9 亿元增加到 2019 年的 27 862.5 亿元，增加了9.1倍，投资规模显著扩大。从增速看，我国农林牧渔业固定资产投资增速具有一定波动，近两三年增速有所放缓，但增速长期高于15%，年均增速高达 20.9%。同时，农林牧渔业固定资产投资增速长期高于全社会固定资产投资增速，这有利于推动资本要素流入农村，促进农业农村发展，缩小城乡差距。从投资领域看，农业和畜牧业是我国农林牧渔业固定资产投资重点，其比重分别超过40%和20%，农林牧渔服务业次之，林业和渔业占比最小。其中，2018 年农业投资规模超过 1.3 亿元，农林牧渔服务业则超过 4 000亿元。从趋势看，各分项投资均不断上升，农业投资比重上升尤为明显，从 2011 年的 34.23%上升至 2018 年的 49.35%，近乎农林牧渔业投资的一半。而林业、畜牧业、渔业和农林牧渔服务业的比重均有所下降（表6）。

表6 我国农林牧渔业固定资产投资分领域占比情况

单位:%

年份	农业	林业	畜牧业	渔业	农林牧渔服务业
2011	34.23	13.05	25.67	5.44	21.60
2012	36.45	11.52	25.61	5.90	20.52
2014	36.97	10.93	27.82	5.26	19.01
2015	41.18	10.32	25.47	4.67	18.36
2016	44.93	9.55	23.47	4.76	17.28
2017	48.03	9.02	22.86	4.89	15.20
2018	49.35	8.19	22.73	5.20	14.68
2019	49.79	8.00	21.76	5.98	14.78

（1）农业基础设施难以吸收各方投资

农业基础设施投入大，期限相对较长，风险系数较高。收益低，要么基本没有经营性收入，要么虽有一定农业经营收入，但收入较低，都很难产生稳定的现金流，金融和社会资金投入的积极性相对不足。在相当长时间内，农业基础设施建设都主要依赖政府财政投入。农田基础设施的运营机制、产权归属不清晰，在管理上涉及的部门多、牵涉面广，管理主体及其职责不明确，导致农田基础设施建设贷款缺乏合格的承贷主体。同时，农村抵押担保市场、产权交易流转市场还没有完全建立，农业设施颁证赋权和产权价值评估建设相对滞后，无法激发金融机构提供贷款的积极性。

（2）政府支持引导力度不足

第一，高标准农田建设成本近些年显著增加。近些年物价水平和农村劳动力工资的不断提高使得高标准农田建设成本随之上升，财政投资难以满足高标准农田建设的实际需要，特别是 2010 年之前建设的高标准农田，投入和建设标准普遍较低，与高质量发展的高标准农田建设要求相距较远。政府一直在创新投融资模式，通过各种方式支持地方和社会资本开展高标准农田建设。但总体看，合格的新型经营主体数量少、规模小，普遍缺乏承接高标准农田建设的软硬件条件。

第二，国家通过财政贴息、先建后补和以奖代补等方式支持农业基础设施，但相对于农业基础设施巨大的投资规模和较低的比较收益，较低的财政投入水平难以充分调动社会和金融资本的积极性。而先建后补等方式，对社会资本要求较高，真正能符合条件的新型经营主体相对较少，难以充分动员新型经营主体参与农业基础设施建设。

第三，信贷担保和风险补偿机制建设滞后。在产权抵押制度建设滞后的情况下，资金来源单一，风险保障力度有限，风险补偿缺少法律"硬约束"，部分地区补偿资金落实不到位，这也是导致金融机构缺乏积极性的重要因素。

（3）资金投入机制有待优化

第一，不同地貌或耕地地力等级的农业基础设施在建设内容和成本等方面存在差异。当前投入政策并未充分考虑这些地区差异性，投资补助标准等有待进一步进行差异化设计。

第二，财政资金仍需进一步整合。中央预算内投资补助资金和中央转移支付补助资金分批分头下达。而农田建设项目落实到基层要按照高标准农田建设统一要求做好相关工作，给基层项目管理和资金配套落实带来诸多不便。这两个渠道资金的管理方式、管理程序、绩效考核等不尽一致，给地方统筹开展高标准农田建设带来困难。

第三，资金配套压力较大。2019 年财政部发文件要求高标准农田建设遵从"地方各级财政分担比例不低于 20％"的规定，一些地方简单地认为达到 20％即可，个别地方甚至出现财政投入不升反降的情况。同时，高标准农田建设任务重，需要配套资金较多的地方往往是粮食主产区，普遍财力薄弱，因而农业基础设施建设支出责任与相对薄弱的财力形成"倒挂"现象。

第四，对存量资产项目运用不足。当前农业基础设施投融资创新，更多属于新建项目或增量项目，没有充分激发存量资产作用。在政府和社会资本合作（PPP）项目中以"建设—经营—转让"（BOT）等模式为主，没有充分利用委托运营（O&M）、管理合同（MC）、"移交—经营—移交"（TOT）、"扩建—经营—移交"（ROT）等存量模式。需要通过创新投融资模式，充分利用盘活存量资产，吸引金融社会资本进入。

3. 农业基础设施管理机制亟待健全

一些地方农业基础设施建设完成后，仍然存在设施产权不明、管护权责不清、缺乏配套的专项管护资金、管护责任难落实等问题。农业基础设施后期维护管理机制不完善会影响设施的使用寿命和效益的持续发挥。中央下达的转移支付资金按照新建高标准农田任务进行测算，并集中用于新建高标准农田建设，无法满足农田损毁修复方面的需求，给基层农田建设工作带来诸多不利。

（五）科技支撑能力不足

党的十八大以来，党中央高度重视农业科技工作，2013 年习近平总书记在山东省农业科学院召开座谈会时强调，"农业的出路在现代化，农业现代化关键在科技进步和创新；我们必须比以往任何时候都更加重视和依靠农业科技进步，走内涵式发展道路。矛盾和问题是科技创新的导向。要适时调整农业技术进步路线，加强农业科技人才队伍建设，培养新型职业农民"。党的十九大以后，国家出台了若干关于支持"农业科技创新"的相关政策。2019 年 5 月，中共中央办公厅、国务院办公厅印发了《数字乡村发展战略纲要》，强调"强化农业农村科技创新供给"。2020 年 6 月，农业农村部办公厅发布《关于国家农业科技创新联盟建设的指导意见》，提出"建设一批产业特色明显、发展方式绿色、各类要素集聚、机制创新鲜明、示范带动有力的联盟，基本形成层级分明、布局合理、梯次推进的全国农业科技创新联盟框架"。2021 年 1 月，中共中央、国务院颁布《关于全面推进乡村振兴加快农业农村现代化的意见》，提出"加快推进农业现代化，强化现代农业科技和物质装备支撑"。

我国着力向产出高效、产品安全、资源节约、环境友好的农业现代化道路推进。数据显示，2021 年全国农业科技进步贡献率超过 60%，农作物耕种收综合机械化率达到 71%，农业科技创新不断进步，催生出新技术、新产品、新装备，促使农业农村现代化迈上新台阶。在新技术方面，包括稻秸-绿肥轻简利用及高效节肥技术、花生带状轮作技术、玉米机械籽粒收获高效生产技术等，为农业高质量、产业化发展提供有效解决方案；在新产品方面，培育出高产抗逆优质粮饲兼用玉米新品种——鲁单 9088、京农科 728 等系列早熟宜粒收玉米新品种和高油酸花生新品种——冀花 16 号等新品种，保障国家粮食安全和重要农产品有效供给；在新装备方面，最新的研究成果包括设施作物水肥一体化智能控制装备、丘陵山地果园机械化运输系统、大葱机械化生产关键技术装备等，让农业生产作业环节更加自动化、智慧化，实现无人化操作与管理。但是，科技支撑农业风险管理仍然存在明显不足。

1. 农业风险管理科研能力不足

20世纪80年代之后，风险管理逐渐成为发达国家农业政策研究的重点，越来越多的学者和学术团队开展此研究工作。美国早在20世纪90年代就组建了专门开展农业风险管理的学术研究团体（SCC-76），每年定期召开会议，就本领域的重要问题开展研讨。美国农业和应用经济学会（AAEA）也专门组建了研究农业风险管理和农业保险的研究小组，欧洲、日本等地的学者也不断加大农业保险和农业风险领域研究力度。目前农业风险管理已成为美国、欧洲、日本等发达经济体农业科研体系中的"显学"，同气候变化、资源环境等研究并重，其中农业保险已成为美国和加拿大农业支持政策（农业安全网）的核心和基石。在我国，农业风险管理研究尚处于初期阶段，属于我国农业科技体系布局中的边缘领域，开设农业保险和农业风险管理课程的高校并不多，高校科研机构中专门从事农业风险管理研究的团队也相对较少。部分农业保险企业自主成立研究院，并赞助部分专家开展研究，但是研究经费仍然显得不足。农业风险管理科研能力不足是制约我国农业风险管理领域管理理念、制度设计、治理能力和治理体系建设的一个重要因素。

2. 农业科技推广存在障碍

第一，推广资金匮乏。目前，由于我国农业科技推广资金的投入不足，资金投入量相比于农业生产而言小于0.2%，无论是病虫害防治技术还是先进技术的示范，都存在严重不足，使得我国相关农业技术推广人员的工作开展缓慢、效率低下。如今我国对于农业科技推广工作的支持和资金的投入，有的是地方财政支持，有的是相关农业技术推广部门自行解决，由于我国各地区间经济发展的差异而导致对农业技术推广工作的经费投入差异，也因此对基层技术推广人员的工作积极性产生了重要影响。

第二，技术推广途径单一。现阶段，我国主要是通过科研院所、高校和农业行政部门来开展农业科技推广，科研院所和高校也仅仅集中于相关农业科研单位和农业大学等。专业的产业化农业推广机构和推广组织却并未形成规模，也难以完全发展起来。传播途径则是更多地以面对面的方法和路径将创新的科学技术和方式方法传递给农民，相较于多元化、全方位发展的农业需求而言，这种农业推广方式效率偏低。随着人们使用手机频率的增加，有很多信息都是通过网络进行传播和搜索的，因此互联网将是农业技术推广的重要载体。目前的农业推广体系和形式缺少高效统一管理，一些优势和特点也不能被大众所熟知，从而导致专业的农业科学和最新的农业技术无法与农民直接产生对接，从而使得农业风险管理技术推广的效果欠佳。

3. 农业保险行业科技化建设尚不完善

科技赋能是农业保险高质量、高水平发展的重要支撑。科技应用和数字化正在深刻改变农业保险，众多新技术手段的应用和普及将大大加速农业保险的转型升级。我国农业相关的作物、产量、损失、气象、土壤、遥感和管理等信息分散在各个主体，且数据标准不统一，尚未形成行业一致标准的数据库和数据平台。数据收集难、使用难、共享难制约了农业保险的信息化和数字化发展。此外，在查勘定损环节，农业保险也面临着保险赔付时效性不足、定损环节不确定性大、道德风险普遍存在等难题，农业保险效力难以充分发挥。在扩大完全成本和收入保险实施范围的背景下，这些痛点和挑战也将被进一步放大。

（六）管理工具合力不够

由于农业风险来源广、种类多，且农业风险管理目标具有多重性和动态发展性，因此在实践中各类农业生产经营主体根据风险管理的需要，探索出了多种行之有效的农业风险管理工具。依据风险管理技术的不同，可将众多农业风险管理工具分为控制型和融资型两大类。控制型风险管理工具是在农业损失发生前，通过采取积极的控制技术以减弱或消除风险因素，降低风险事故发生概率，或在风险损失发生时为减轻损失程度而实施的控制性技术措施，主要包括农业基础设施建设、生产经营多样化、订单农业和农产品期货等管理工具。融资型风险管理工具又称为财务型风险管理工具,是通过在风险损失发生前做好吸纳风险成本的财务安排以应对风险损失、保障灾后尽快恢复生产与经营的措施,主要包括储蓄、农业保险、农产品价格保护、农产品风险基金、农业灾害救济和农业风险证券等管理工具。目前仍然存在农业风险管理工具合力不够的问题。

1. 农业巨灾风险管理工具尚未有效应用

充分利用资本市场转移保险市场面临的农业巨灾风险是农业巨灾风险分散机制的发展趋势。近年来,巨灾债券、巨灾期货、巨灾期权等风险证券化工具及天气指数保险发展迅速,但我国资本市场发展相对滞后,开展这种业务的机会尚不成熟。居高不下的发行成本和高风险致使投资者要求的高回报率是巨灾风险证券化发展缓慢的主要原因。机构和个人投资者对于巨灾风险了解较少,而农业巨灾风险的构建过程和传统的金融产品定价存在很大差异,保险公司和投资者之间的信息不对称问题严重,投资者对巨灾衍生品更多持观望态度。这也大大提高了保险公司的外部融资成本和转移分散风险的能力,导致风险证券化的发展速度一直低于预期,使得我国农业巨灾风险管理工具应用不足。

2. 气象指数保险作用未充分发挥

气象指数保险是将一个或几个气象条件(如气温、降水、风速等)对标的物的损害程度指数化,每个指数对应一定的农作物产量和损益指标,保险合同以这种指数为基础设定理赔触发值,当指数达到理赔触发值,且标的物遭受一定损害时,投保人就可以获得相应标准的赔偿。理论上讲,气象指数保险可以减少逆选择和道德风险,降低农业保险的运营成本。但是存在以下不足:一是对基差风险的测度缺乏相应客观、公认的方法;二是由于缺乏连续多年的微观农户数据,使得基差风险的具体测度较为困难;三是对于基差风险的产生原因和影响因素的探讨不够全面。气象指数保险在技术方面如果不能很好地控制基差风险,在未来很可能会被其他指数类保险所替代,如逐渐兴起的遥感指数保险等。

3. "保险＋期货"模式相关配套机制不完善

该模式目前仍处于探索阶段。一是相关法律法规和指导细则有待完善。国家相关法规和指导细则尚不明确，且条款限制严格，使业务开展有一定盲目性。"保险＋期货"模式在转移分散市场风险，保障农民收益等方面发挥了重要作用，通过期货市场分散对冲价格风险，其实质是对价格进行再保险，能够促进农业保险提升风险管理能力，有助于更好地保障农民收益。农产品价格出现单边行情导致赔付较少时，农户可在现货端获得更有利的价格，从而实现较高收入。"保险＋期货"作为保险产品，其目的是防范价格类风险，应将其与农户现货收益相结合来考虑。二是定价机制不完备。保险触碰价格的制定是最关键的环节，虽然"保险＋期货"价格险项目已普遍实行场外期权和保单同步生效，期货公司与保险公司双方事先约定好权利金与保费比例后，通过权利金率可推算保险费率，做到实时对应，但是仍然存在基差风险导致实际损失与保险赔偿不一致的情况。三是保费机制不健全。近年来，期货商品交易所的补贴有所下降，其期望政府能增加补贴力度，逐渐发挥主导作用。四是效果评估系统不全面。目前对"保险＋期货"模式实施效果的评定方式均以赔付效果为主要研究对象，并未将其与现货收益情况相结合来考虑。

4. 非常规风险事件的控制工具欠缺

农业发展受到常规风险事件和非常规风险事件的影响，所以，农业风险管理体系忽略任何一方面都无法满足农业部门及农业生产经营主体对风险保障的需求。现实中，我国的农业风险管理体系以常规风险事件为主，侧重于分散由气候冲击引发的自然风险。例如，2006 年，农业部挂牌成立了"农业部应急管理办公室"，并且出台了《农业重大自然灾害突发事件应急预案》《全国草原火灾应急预案》等应急管理预案。2013 年，农业部发布了《关于进一步加强农业应急管理工作的意见》，并指出要建立和健全农业气象灾害、农业资源环境污染、草原火灾等监测预警服务体系。2014 年农业部围绕农业重大自然灾害等内容，制定了《农业应急管理信息化建设总体规划（2014—2017 年）》。2017 年，国务院办公厅印发的《国家综合防灾减灾规划（2016—2020 年）》强调，要全面提升全社会抵御自然灾害的综合防范能力。关于应对非常规风险事件的政策措施较少。直至新冠肺炎疫情暴发，中央应对新型冠状病毒感染肺炎疫情工作领导小组印发了《当前春耕生产工作指南》，明确了"分级分类尽快恢复春耕生产秩序""分区按时抓好春管春耕""保障春耕生产农资供应"等细则。除此之外，常规风险事件的政策措施涉及农学、管理学、经济学等多个领域，并形成了多层次、多学科的政策保障体系。非常规风险事件集中于公共卫生领域。例如，2003 年出台的《突发公共卫生事件应急条例》和《传染性非典型肺炎防治管理办法》，提出了完善的预防、控制和消除突发公共卫生事件的方案；2013 年颁布的《中华人民共和国传染病防治法》则明确了在疫情防控过程中单位和个人的义务。

五、健全农业风险管理体系的政策建议

在世界政治和经济格局深刻变化的情况下，必须着眼于国家安全和发展全局，加快破解农业风险高发频发与风险管理能力不足之间的矛盾，与时俱进构建符合我国国情农情和发展阶段的农业风险管理体系。

（一）不断强化农业风险管理理念

越是经济发展，越要强调风险管理。实现农业可持续发展，保产业安全特别是粮食安全，风险管理要有所作为。过去农业风险管理更多强调的是"减损"，而此次新冠肺炎疫情给我们最大的启示是，与其在出现灾害后降低灾害的负面影响，更应该将风险管理的目标前置，通过"预防"来"止损"更为重要。面向"十四五"，一方面，实现农业更高质量、更有效率、更加公平、更可持续、更为安全发展是基本要求；另一方面，不稳定性、不确定性已成为常态。在复杂多变的国际国内形势下，确保国家农业安全是推进经济健康发展的基础和前提。要树立底线思维和综合风险管理理念，建立健全利益共享、风险共担的管理思路。要树立系统思维，进一步增强忧患意识，将健全的农业风险管理体系作为防范化解系统性风险的重要基础，宁肯"十防九空"，也要强化农业风险管理的战略性布局和前瞻性预案，把农业风险管理作为完善农业支持保护、服务农业高质量发展、服务乡村振兴的重要手段，提升到国家战略层面来通盘考虑。

（二）健全农业风险监测服务体系

一是完善农业信息服务体系。通畅农业信息对农业风险管理意义重大。由于农业风险管理的主体中农户对农业信息的需求是最大的，因此有必要由政府组织建立健全农业信息服务体系。既要关注农业生产相关的自然灾害和病虫害防范信息，又要宣传包括农业基础设施的建设和使用情况，也包括农业风险管理工具如政策支持、农产品期货、农业保险、农产品合约生产以及多元化经营等情况的分析介绍宣传；同时，还需关注农产品交易市场的基本情况。在介绍农业信息的同时，还应关注农户对信息的需求情况，根据农户的需求确定增加或减少相关农业信息。二是建立农业气候风险早期预测预警系统。气候变化背景下的农业气候资源格局变化不可避免地会对我国作物生产分布格局产生影响。建议设立专项资金，系统研究和分析气候变化背景下农业气候资源演变趋势及空间分布格局，开展农业气候灾害风险调查，研发综合考虑极端事件影响的粮食产量预测模型，加快建立农业气候风险早期预警系统。

（三）完善风险管理科技支撑体系

科技是农业风险管理的重要支撑力量。要善于运用新一代的信息技术，创新发展农产品期货、农业再保险、巨灾保险等金融工具，开发保险与衍生品市场组合的多元化农业风险管理工具，强化逆周期保障，提高对重大挑战的判断力。要加大农业保险科技赋能力度，建立投保、勘损、理赔等综合服务信息化系统，提高农业保险赔付能力，鼓励农业保险机构简化交易环节、优化服务模式，解决信息不对称问题。要应用互联网、大数据等科技手段，优化或创新农业保险产品形态、组织构架、业务流程、经营模式等，鼓励农业保险机构与农机服务、农技推广等基层农业服务体系开展联合，促进生产技术、防灾技术、保险手段的结合。要优化农业领域科技布局，组织科技力量，加快科研攻关和产业化应用，培养打造一批政、产、学、研、用协同合作的科技创新联盟。

（四）建立风险管理工具联动机制

借鉴农业风险管理的全球经验，建立起支持农业发展的"铜墙铁壁",进一步丰富完善最低收购价、疫病防控、贸易合作、信贷担保、保险期货等各种农业风险管理工具,搭建"安全桥",扣上"保险锁",统筹发挥政府和市场作用,强化政策组合效率,更多地利用数据、保险、担保、期货等市场化手段管理农业风险,提升政策组合效率,推动风险管理工具集成发力。加大改革创新力度,健全农业风险监测预警体系,加强重大植物病虫害和动物疫病等公共卫生安全防卫队伍建设,阻断风险的跨地域、跨层级、跨领域叠加。

(五)提高农业保险的服务质量

新阶段农业保险要为稳农保供、确保国家粮食安全和重要农产品需要供给提供防范化解风险的保障,为创新和丰富农业支持保护制度提供解决方案。要按照"扩面、增品、提标"的要求,加快农业保险事业快速发展和转型升级。扩大农业保险的覆盖面,调整和完善森林、草原保险制度,鼓励各地因地制宜开展优势特色农产品保险,加快农业保险向农业全产业链的延伸,将农机库棚、仓储冷库等农业生产设施设备纳入保险范围。要增加农业保险品种,探索构建涵盖财政补贴基本险、商业险和附加险等农业保险综合产品体系,创新开展农村环境污染责任险、农产品质量险、农民短期意外伤害险等险种,积极发展适应各类农业经营主体需求的多元化、多层次保险产品。要提高农业保险保障标准,逐步提高保险保障水平,并尽快建立农业保险保障水平动态调整机制。要发挥再保险的引导作用,构建风险分担机制,合理确定分保比例,进一步提升农业保险保费的财政补贴资金的惠农效率,降低经营主体对直保业务的逐利预期。

(六)积极参与全球生物安全治理

生物安全关乎人民生命健康,关乎国家长治久安,关乎中华民族永续发展,是国家总体安全的重要组成部分,也是影响乃至重塑世界格局的重要力量。当前,传统生物安全问题和新型生物安全风险相互叠加，境外生物威胁和内部生物风险交织并存，生物安全风险呈现出许多新特点，我国生物安全风险防控和治理体系还存在短板弱项。必须科学分析我国生物安全形势，把握面临的风险挑战，明确加强生物安全建设的思路和举措，积极参与生物安全全球治理，同国际社会携手应对日益严峻的生物安全挑战，加强生物安全政策制定、风险评估、应急响应、信息共享、能力建设等方面的双多边合作交流，为世界贡献中国智慧、提供中国方案。

参　考　文　献

安毅，方蕊，2017. 发达经济体农业风险管理体系建设经验与启示［J］. 经济纵横（10）：114-121.

鲍曙光，冯兴元，2021. 农业基础设施投入现状、问题及改进［J］. 农村金融研究（8）：3-10.

陈厚基，1991. 农业基础设施建设［M］. 北京：中国科学技术出版社.

陈蕾，2020. "保险＋期货"：农业风险管理的策略与战略［D］. 北京：北京外国语大学.

陈玲玲，白欣迪，曹梦洋，等，2022. 乡村振兴背景下"保险＋期货"模式优化研究：以江苏为例［J］. 现代金融（1）：49-56.

丁志刚，李航，2019. 精准扶贫中的"精神贫困"及其纾解：基于认知失调理论的视角［J］. 新疆社会科学（5）：136-144，154.

董红繁，2017. 期权在我国农业风险管理中的应用［D］. 开封：河南大学.

杜志雄，韩磊，2020. 供给侧生产端变化对中国粮食安全的影响研究［J］. 中国农村经济（4）：2-14.

樊哲银，2004. 建立农业风险预警机制，增强农业竞争力［J］. 湖南行政学院学报（1）：64-65.

方蕊，安毅，2020. 粮食种植大户的农业风险管理策略选择：基于风险感知视角［J］. 农业现代化研究，41（2）：219-228.

谷梦洁，2019. 中国农业再保险的制度模式创新与政策选择［D］. 济南：山东师范大学.

郭芸芸，杨久栋，2020. 构建新时代农业风险管理理论与政策体系：中国农业风险管理研究会 2020 年学术年会综述［J］. 保险研究（7）：77-82.

韩俊，2020. 加快构建新时代农业风险管理理论与政策体系［J］. 乡村振兴（7）：15-16.

韩秋芳，2018. 对农业风险管理的几点思考［J］. 山西农经（16）：48.

何嗣江，2006. 订单农业发展中金融创新研究［J］. 浙江大学学报（人文社会科学版）（6）：120-127.

胡新艳，郑沃林，2021. 气候变化、农业风险与农户农业保险购买行为 [J].
　湖南师范大学社会科学学报，50（2）：95-104.

黄春燕，白露露，2017. 粮食安全保障政策的启用边界与补贴标准：基于海
　南城镇最低收入人群的实证研究 [J]. 农业技术经济（3）：4-13.

黄萍，2021. 新农村建设中农业保险问题的研究 [J]. 河北农机（5）：
　63-64.

黄学寰，2020. 巩固脱贫攻坚成果的对策分析：以桂林市为例 [J]. 南方农
　机，51（20）：60-61.

姜春海，1999. 我国农业风险管理的问题与对策 [J]. 湖南经济（4）：
　14-16.

金书秦，张峭，2021. 以低碳带动农业绿色转型：中国农业碳排放特征及其
　减排路径 [J]. 改革（5）：29-37.

鞠荣华，常清，陈晨，等，2019. "保险＋期货"：农业风险管理的策略与战
　略：基于试点案例分析的对策建议 [J]. 中国证券期货（5）：4-12.

李国祥，2022. 新时代国家粮食安全的目标任务及根本要求：学习习近平关
　于国家粮食安全论述及十九届六中全会相关精神的体会 [J]. 中国农村经
　济（3）：2-11.

李铭，张艳，2019. "保险＋期货"服务农业风险管理的若干问题 [J]. 农
　业经济问题（2）：92-100.

李侠，2022. 乡村振兴视域下农村供水保障问题分析 [J]. 南方农业，16
　（6）：167-169.

李小艳，史安玲，2019. 结构化金融促进循环农业与农业保险协同发展：以
　循环农业风险证券化为契机 [J]. 生产力研究（4）：34-38，46.

李雪，吕新业，2021. 现阶段中国粮食安全形势的判断：数量与质量并
　重 [J]. 农业经济问题（11）：31-44.

李彦，2018. 我国农业巨灾风险基金制度构建研究 [D]. 泰安：山东农业
　大学.

李寅，2019. 农业企业期货市场套期保值的风险与对策研究 [J]. 全国流通
　经济（28）：150-151.

梁兴英，2003. 农业科技人才是防范农业风险的关键 [J]. 莱阳农学院学报
　（社会科学版）（2）：70-73.

林润田，李碧珍，叶鑫宇，2022. 互联网能改善农村人口健康吗：基于中国

综合社会调查数据的经验分析 [J]. 经济研究参考（4）：116-129.

刘明月，汪三贵，2020. 产业扶贫与产业兴旺的有机衔接：逻辑关系、面临困境及实现路径 [J]. 西北师大学报（社会科学版），57（4）：137-144.

刘晓磊，2022. 经济双循环格局下农村金融监管困境及应对策略 [J]. 农业经济（4）：113-114.

刘学文，2014. 中国农业风险管理研究 [D]. 成都：西南财经大学.

刘亚洲，钟甫宁，吕开宇，2019. 气象指数保险是合适的农业风险管理工具吗？[J]. 中国农村经济（5）：2-21.

刘越山，2022. 农业保险助力乡村振兴　访中国农业科学院农业风险管理研究中心主任、首席科学家张峭 [J]. 经济（1）：110-112.

龙文军，2021. "十四五"时期的农业保险：趋势判断、总体思路与保障机制 [J]. 中国保险（2）：8-13.

龙文军，郭军，2022. 农业保险在乡村振兴中的使命和担当 [J]. 中国保险（2）：21-23.

龙文军，靳琛，2020. 农业保险助推普惠金融的实现路径 [J]. 农业发展与金融（6）：42-44.

龙文军，李至臻，2019. 农产品"保险＋期货"试点的成效、问题和建议 [J]. 农村金融研究（4）：19-24.

龙文军，刘琳，2021. 农业保险的新实践和乡村振兴的新需求 [J]. 农村金融研究（12）：8-13.

龙文军，刘颖，2022. 守护"特色甘味"：甘肃兰州市探索落地气象指数保险 [J]. 农村工作通讯（3）：56-57.

栾敬东，程杰，2007. 基于产业链的农业风险管理体系建设 [J]. 农业经济问题（3）：86-91，112.

农业农村部市场预警专家委员会，2022. 中国农业展望报告（2022—2031）[M]. 北京：中国农业科学技术出版社.

乔德华，2021. 农业风险管理及农业保险制度研究：以甘肃省为例 [J]. 生产力研究（11）：77-85.

司小飞，李麦收，2022. 中国共产党领导的农业保险：百年发展历程与基本经验 [J]. 征信，40（1）：85-92.

宋洪远，何可，2022. 构建新格局下粮食安全体系 [J]. 乡村振兴（2）：52-54.

苏晓燕，2011. 基于多属性数据融合决策的智能化农业预警系统研究 [D].

上海：上海交通大学．

庹国柱，2015. 求解农业保险市场的"竞争"困局：农业保险经营问题探讨 [N]. 2015-10-20（6）．

王荣，2010. 农业高新技术产业化风险投资研究 [D]．泰安：山东农业大学．

王延科，2021. 积极发挥金融科技作用 助力保险业以数字化手段破局图新 [J]．中国保险（12）：8-10.

吴孔明，毛世平，谢玲红，等，2022. 新阶段农业产业竞争力提升战略研究：基于产业安全视角 [J]．中国工程科学，24（1）：83-92.

吴渭，2015. 产业链和利益相关者视角下的农业风险研究 [D]．北京：中国农业大学．

吴晓东，2017. 我国农业保险经营的风险管理研究 [D]．苏州：苏州大学．

熊熠，2020. 农业保险对我国农业产业结构升级的影响研究 [D]．武汉：华中农业大学．

徐婷婷，孙蓉，2022. 政策性农业保险能否缓解贫困脆弱性：基于典型村庄调研数据的分析 [J]．农业技术经济（2）：126-144.

薛林莉，2008. 农业科技推广风险分析及防范措施研究 [D]．杨凌：西北农林科技大学．

杨久栋，于小君，郭芸芸，2021. 从战略高度重视农业风险管理：农业风险管理与金融创新理论研讨会成果综述 [J]．保险理论与实践（2）：130-137.

杨美，2012. 我国农业巨灾风险管理工具创新研究 [D]．石家庄：河北经贸大学．

杨艳，2020. 农业风险管理的实践与研究进展 [J]．桉树科技，37（4）：65-70.

曾玉珍，穆月英，2011. 农业风险分类及风险管理工具适用性分析 [J]．经济经纬（2）：128-132.

翟绍果，严锦航，2018. 健康扶贫的治理逻辑、现实挑战与路径优化 [J]．西北大学学报（哲学社会科学版），48（3）：56-63.

张红宇，2020a. 2020 年农业农村经济面临四大问题：由新冠肺炎疫情引发的形势判断 [J]．中国农村金融（11）：42-44.

张红宇，2020b. 牢牢把握农业产业安全的主动权 [J]．乡村振兴（11）：20-22.

张红宇，2020c. 粮食总量、产业安全与农业风险管理［J］. 中国农村金融
（18）：37-39.

张红宇，2021. 牢牢掌握粮食安全主动权［J］. 农业经济问题（1）：14-18.

张红宇，董忠，江炳忠，2020. 农业保险要着力提升风险管理能力和服务能
力［J］. 中国保险（8）：5.

张峭，庹国柱，王克，等，2020. 中国农业风险管理体系的历史、现状和未
来［J］. 保险理论与实践（7）：1-17.

张峭，王克，2022. 中国农业保险保障发展的成效、问题和建议［J］. 农业
展望，18（1）：40-47.

张峭，徐磊，2007. 中国农业风险管理体系：一个框架性设计［J］. 农业展
望（7）：3-5.

张若焰，2020. 风险冲击、金融应对行为与农户收入的关系研究［D］. 杨
凌：西北农林科技大学.

张思远，2022. 乡村振兴视域下农村公路建设与提升策略［J］. 交通企业管
理，37（1）：95-97.

郑沃林，纪倩，2020. 农业风险管理体系的思考：基于气候变化和新型冠状
病毒肺炎的视角［J］. 经济界（6）：90-96.

中国气象局国家气候中心，2021. 中国气候公报 2021［R］. 北京：中国气
象局国家气候中心.

朱俊生，张峭，2022. 科技运用促进农业保险高质量发展［J］. 中国保险
（4）：22-27.

附件 1

2021 年中国农业风险管理大事记

1月10日　由中国农业风险管理研究会主办的"农业风险管理与金融创新理论研讨会"在北京举行，会议就新发展格局下加强农业风险管理的重大意义、农业风险管理体制创新和产品升级，以及我国农业风险管理发展与国际经验等理论与学术前沿问题进行了深层次研讨。

1月23日　2021中国数字乡村产业高峰论坛在浙江杭州举行。论坛聚焦智慧农业、数字乡村、农业科技、城乡融合，以通过数字化手段助力乡村振兴为宗旨，共同探讨大数据、云计算、区块链、物联网、人工智能等现代信息技术在数字乡村建设中的应用。论坛上，中国农业风险管理研究会智慧农业与数字乡村分会正式成立。近年来，浙江把乡村治理、环境改善、产业兴旺、体制机制创新等和现代信息技术数字技术紧密结合，有力地推进了乡村振兴事业。中国农业风险管理研究会此次将智慧农业与乡村分会落地到浙江，致力于双方共同推动中国数字乡村建设。

3月12日　由中国农业风险管理研究会和中华联合保险集团联合主办的面向"十四五"的农业保险高质量发展政策研讨会暨中国农业风险管理研究院成立大会在北京召开。与会专家围绕我国农业保险的现状与问题、新阶段农业保险发展机遇与方向、促进农业保险高质量发展的路径探索等内容进行了深入研讨。专家们提出，经过近年来跨越式发展，我国已成为农业保险大国。农业保险在保障粮食安全、防范化解风险、稳定农民收入等方面发挥了重要的"稳定器"功能。

6 月 26 日 农产品"保险＋期货"试点转型研讨会暨中国农业风险管理研究会主要会员座谈会在北京举行。本次会议围绕学习贯彻中央一号文件精神，深入研讨农产品期货产品开发推广及其与保险等金融工具融合发展的前景与路径，为加快推进农业农村现代化和乡村全面振兴贡献更多保险智慧和期货方案。

6 月 30 日 财政部会同农业农村部、银保监会联合发布《关于扩大三大粮食作物完全成本保险和种植收入保险实施范围的通知》，明确自 2021 年 1 月 1 日起，在河北、内蒙古、辽宁、吉林、黑龙江等 13 个粮食主产省份的产粮大县，针对水稻、小麦、玉米三大粮食作物开展完全成本保险和种植收入保险。在实施步骤上，两大险种 2021 年覆盖实施地区约 60％的产粮大县（500 个），2022 年实现 13 个粮食主产省份产粮大县全覆盖。

8 月 28 日 中国农业风险管理研究会、中华联合保险集团在北京举办保险服务乡村振兴论坛。与会专家围绕走中国特色农业保险发展之路、更好地发挥保险在乡村振兴中作用等内容畅所欲言、建言献策。论坛上，中国农业大学国家农业农村保险研究中心发布了《保险服务乡村振兴战略研究》报告；中华联合保险集团董事长徐斌发布了《中华保险服务乡村振兴行动计划（2021—2025 年）》，其中提出"五个一工程"目标，即每年推出 100 个特色农业农村保险项目、投入 1 亿元乡村振兴专项资金、投入不少于 10 亿元乡村振兴产业投资、支持 100 亿元农村普惠金融综合服务、新增 1 万亿元综合保险保障。

10 月 16 日 中国农业风险管理研究会 2021 学术年会暨中国农业风险管理发展论坛在北京举行。本次会议以"迈向新征程的农业风险管理"为主题，探讨新阶段下我国农业风险环境变化与应对策略。与会嘉宾表示，科学管控农业风险对维护农业产业安全和促进现代农业高质量发展具有重要意义。其中，保险业在构建中国现代农业风险管理体系、服务乡村振兴战略中应发挥积极作用。会上，中国农业风险管理研究会发布了《中国农业风险管理发展报告2021》，在分析新时期我国农业风险变化特征的基础上，从事前、事中、事后的视角，分析了农业风险管理的主要手段，总结了农业风险管理取得的成效，提出了中国特色农业风险管理体系的优势，剖析了面临的突出问题，提出了健全中国特色农业风险管理体系的政策建议。

11月4日　为贯彻落实《国务院办公厅关于建立病死畜禽无害化处理机制的意见》和《农业农村部　财政部关于进一步加强病死畜禽无害化处理工作的通知》要求，建立完善病死猪无害化处理监管与保险惠农政策双赢的长效机制，农业农村部、财政部、银保监会决定组织开展病死猪无害化处理与保险联动机制建设试点工作。

12月18日　中国农业风险管理研究会、中国化工环保协会在北京召开耕地质量提升与盐碱地综合利用研讨会。来自农业农村部、生态环境部等部委领导专家，相关科研院所及企业代表与会参加研讨交流。

12月28日　中国保险业协会发布《保险业服务乡村振兴蓝皮书（2021）》（下列简称《蓝皮书》）。《蓝皮书》分为四个部分，根据保险业促进扶贫的成功实践，分析了保险业为农村振兴服务的独特优势和能力建设需求，并对保险业服务农村振兴提出路径建议。在编写过程之中，保险业协会成立了以主要负责同志为组长的项目领导小组，严格控制项目的原则和方向；同时，它还聚集了12家骨干企业，包括人保财险、太保产险、国寿财险、平安产险、中华财产保险等，奠定了蓝皮书的专业基础。

附件 2

2021 年以来中国农业风险管理
相关政策文件

关于扩大三大粮食作物完全成本保险和种植收入
保险实施范围的通知

财金〔2021〕49 号

河北、内蒙古、辽宁、吉林、黑龙江、江苏、安徽、江西、山东、河南、湖北、湖南、四川省（自治区）财政厅、农业农村（农牧）厅（委）、银保监局：

按照《中共中央　国务院关于全面推进乡村振兴　加快农业农村现代化的意见》有关要求，为进一步提升农业保险保障水平，推动农业保险转型升级，更好地服务保障国家粮食安全，现就扩大三大粮食作物完全成本保险和种植收入保险实施范围有关事项通知如下：

一、指导思想

以习近平新时代中国特色社会主义思想为指导，贯彻落实党的十九大和十九届二中、三中、四中、五中全会精神，按照党中央、国务院决策部署，紧紧围绕全面推进乡村振兴和加快农业农村现代化，通过扩大三大粮食作物完全成本保险和种植收入保险实施范围，进一步增强农业保险产品吸引力，助力健全符合我国农业发展特点的支持保护政策体系和农村金融服务体系，稳定种粮农民收益，支持现代农业发展，保障国家粮食安全。

二、基本原则

（一）坚持自主自愿。实施完全成本保险和种植收入保险的地区以及有关农户、农业生产经营组织、承保机构均应坚持自主自愿原则。对纳入政策实施范围的产粮大县，有关农户和农业生产经营组织 2021 年可在直接物化成本保险、农业大灾保险、完全成本保险或种植收入保险中自主选择投保产品，2022 年起可在直接物化成本保险、完全成本保险或种植收入保险中自主选择投保产品，但不得重复投保。

（二）体现金融普惠。将适度规模经营农户和小农户均纳入完全成本保险和种植收入保险保障范围，注重发挥新型农业经营主体带动作用，提升小农户组织化程度，把小农生产引入现代农业发展轨道，允许村集体组织小农户集体投保、分户赔付。

（三）增强预算约束。各地应结合财力状况，量力而行、尽力而为，结合农业保险业务发展趋势，循序渐进，因地制宜扩大完全成本保险和种植收入保险实施范围，逐步实现产粮大县全覆盖。原则上，中央财政完全成本保险或种植收入保险保费补贴增幅不高于预算增幅。

（四）鼓励探索创新。扩大政策实施范围过程中，鼓励各地探索建立标准化农业保险运行体系，加强与政府救灾体系协同，开发标准化农业保险产品，完善农业保险风险区划，加强数据比对核验，有效规避道德风险。

（五）确保风险可控。各地应注重加强经营风险管控，强化对农业大灾风险的监测预警和应急管理，建立健全农业再保险和农业大灾风险分散机制，全面提高大灾风险统筹层次，形成农业风险闭环管控体系。

三、补贴方案

（一）保险标的为关系国计民生和粮食安全的稻谷、小麦、玉米三大粮食作物。保险品种为完全成本保险和种植收入保险。其中，完全成本保险为保险金额覆盖直接物化成本、土地成本和人工成本等农业生产总成本的农业保险；种植收入保险为保险金额体现农产品价格和产量，覆盖农业种植收入的农业保险。保险保障对象为全体农户，包括适度规模经营农户和小农户。

（二）实施地区为河北、内蒙古、辽宁、吉林、黑龙江、江苏、安徽、江西、山东、河南、湖北、湖南、四川等 13 个粮食主产省份的产粮大县。2021 年纳入补贴范围的实施县数不超过省内产粮大县总数的 60%，2022 年实现实施地区产粮大县全覆盖。粮食主产省份产粮大县范围根据上一年度中央财政奖励的产粮大县名单确定。

（三）原则上，完全成本保险或种植收入保险的保障水平不高于相应品种种植收入的 80%。农业生产总成本、单产和价格（地头价）数据，以发展改革委最新发布的《全国农产品成本收益资料汇编》或相关部门认可的数据为准。

（四）补贴比例为在省级财政补贴不低于 25% 的基础上，中央财政对中西部及东北地区补贴 45%，对东部地区补贴 35%。

四、保险方案

（一）完全成本保险的保险责任应涵盖当地主要的自然灾害、重大病虫害和意外事故等，种植收入保险的保险责任应涵盖农产品价格、产量波动导致的收入损失。保险费率应按照保本微利原则厘定，综合费用率不高于 20%。

（二）各地要注重加强承保机构资质管理。承保完全成本保险或种植收入保险的保险机构应满足《财政部　农业农村部关于加强政策性农业保险承保机构遴选管理工作的通知》（财金〔2020〕128号）相关要求和银保监会关于农业保险经营条件的监管规定。

（三）承保机构应当公平合理地拟订保险条款和保险费率，并充分征求当地财政、农业农村部门和农户代表意见。

（四）承保机构应加强承保理赔管理，对适度规模经营农户和小农户都要做到承保到户、定损到户、理赔到户。要因地制宜研究制定查勘定损标准与规范。在农户同意的基础上，原则上可以以乡镇或村为单位抽样确定损失率。

（五）承保机构要有稳健的农业再保险安排，积极参与农业保险再保险体系改革试点，确保扩大政策实施范围工作稳步推动。

五、其他事项

（一）在符合扩大政策实施范围工作指导思想和基本原则的前提下，鼓励各地结合实际探索开展农业保险创新试点，开发标准化农业保险产品，完善风险区划和费率调整机制，加强保费补贴资金审核。鼓励有关方面加强与国防科工局重大专项工程中心合作，通过遥感等途径对农业保险数据进行交叉验证，提高真实性和准确性。

（二）省级财政部门应于 2021 年 7 月 30 日前，将扩大政策实施范围相关资金申请报告报财政部，财政部根据预算安排和各地报送的申请情况，于 9 月 30 日前下达当年扩大政策实施范围资金，优先保障开展农业保险创新试点的省份，并在下一年度统一结算。以后年度资金申请程序及时间执行《中央财政农业保险保险费补贴管理办法》。

（三）各地要高度重视扩大完全成本保险和种植收入保险实施范围工作，执行中如有问题，请及时报告。

（四）本通知自 2021 年 1 月 1 日起施行。《财政部关于在粮食主产省开展农业大灾保险试点的通知》（财金〔2017〕43 号）、《财政部关于扩大农业大灾保险试点范围的通知》（财金〔2019〕90 号）自 2022 年 1 月 1 日起废止。

财政部　农业农村部　银保监会

2021 年 6 月 24 日

国务院关于印发"十四五"国家应急体系规划的通知

国发〔2021〕36 号

各省、自治区、直辖市人民政府，国务院各部委、各直属机构：

现将《"十四五"国家应急体系规划》印发给你们，请认真贯彻执行。

国务院

2021 年 12 月 30 日

"十四五"国家应急体系规划

为全面贯彻落实习近平总书记关于应急管理工作的一系列重要指示和党中央、国务院决策部署，扎实做好安全生产、防灾减灾救灾等工作，积极推进应急管理体系和能力现代化，根据《中华人民共和国国民经济和社会发展第十四个五年规划和 2035 年远景目标纲要》，制定本规划。

一、规划背景

（一）"十三五"时期取得的工作进展。

"十三五"时期，各地区、各有关部门以习近平新时代中国特色社会主义思想为指导，认真贯彻落实党中央、国务院决策部署，推动应急管理事业改革发展取得重大进展，防范化解重大安全风险能力明显提升，各项目标任务如期实现。

应急管理体系不断健全。改革完善应急管理体制，组建应急管理部，强化了应急工作的综合管理、全过程管理和力量资源的优化管理，增强了应急管理工作的系统性、整体性、协同性，初步形成统一指挥、专常兼备、反应灵敏、上下联动的中国特色应急管理体制。深化应急管理综合行政执法改革，组建国家矿山安全监察局，加强危险化学品安全监管力量。建立完善风险联合会商研判机制、防范救援救灾一体化机制、救援队伍预置机制、扁平化指挥机制等，推动制修订一批应急管理法律法规和应急预案，全灾种、大应急工作格局基本形成。

应急救援效能显著提升。稳步推进公安消防部队、武警森林部队转制，组建国家综合性消防救援队伍，支持各类救援队伍发展，加快构建以国家综合性消防救援队伍为主力、专业救援队伍为协同、军队应急力量为突击、社会力量为辅助的中国特色应急救援力量体系。对标全灾种、大应急任务需要，加大先进、特种、专用救援装备配备力度，基本建成中央、省、市、县、乡五级救灾物资储备体系，完善全国统一报灾系统，加强监测预警、应急通信、紧急运输等保障能力建设，灾害事故综合应急能力大幅提高，成功应对了多次重特大事故灾害，经受住了一系列严峻考验。

安全生产水平稳步提高。不断强化党政同责、一岗双责、齐抓共管、失职追责的安全生产责任制，严格省级人民政府安全生产和消防工作考核，开展国务院安全生产委员会成员单位年度安全生产工作考核，完善激励约束机制。持续开展以危险化学品、矿山、消防、交通运输、城市建设、工业园区、危险废物等为重点的安全生产专项整治。逐步建立安全风险分级管控和隐患排查治理双重预防工作机制，科技强安专项行动初见成效。按可比口径计算，2020年全国各类事故、较大事故和重特大事故起数比 2015 年分别下降43.3％、36.1％和 57.9％，死亡人数分别下降 38.8％、37.3％和 65.9％。

防灾减灾能力明显增强。建立自然灾害防治工作部际联席会议制度，实施自然灾害防治九项重点工程，启动第一次全国自然灾害综合风险普查，推进大江大河和中小河流治理，实施全国地质灾害防治、山洪灾害防治、重点火险区综合治理、平安公路建设、农村危房改造、地震易发区房屋加固等一批重点工程，城乡灾害设防水平和综合防灾减灾能力明显提升。与"十二五"时期相比，"十三五"期间全国自然灾害因灾死亡失踪人数、倒塌房屋数量和直接经济损失占国内生产总值比重分别下降37.6％、70.8％和38.9％。

（二）面临的形势。

"十四五"时期，我国发展仍然处于重要战略机遇期。以习近平同志为核心的党中央着眼党和国家事业发展全局，坚持以人民为中心的发展思想，统筹发展和安全两件大事，把安全摆到了前所未有的高度，对全面提高公共安全保障能力、提高安全生产水平、完善国家应急管理体系等作出全面部署，为解决长期以来应急管理工作存在的突出问题、推进应急管理体系和能力现代化提供了重大机遇。但同时也要看到，我国是世界上自然灾害最为严重的国家之一，灾害种类多、分布地域广、发生频率高、造成损失重，安全生产仍处于爬坡过坎期，各类安全风险隐患交织叠加，生产安全事故仍然易发多发。

风险隐患仍然突出。我国安全生产基础薄弱的现状短期内难以根本改变，危险化学品、矿山、交通运输、建筑施工等传统高危行业和消防领域安全风险隐患仍然突出，各种公共服务设施、超大规模城市综合体、人员密集场所、高层建筑、地下空间、地下管网等大量建设，导致城市内涝、火灾、燃气泄漏爆炸、拥挤踩踏等安全风险隐患日益凸显，重特大事故在地区和行业间呈现波动反弹态势。随着全球气候变暖，我国自然灾害风险进一步加剧，极端天气趋强趋重趋频，台风登陆更加频繁、强度更大，降水分布不均衡、气温异常变化等因素导致发生洪涝、干旱、高温热浪、低温雨雪冰冻、森林草原火灾的可能性增大，重特大地震灾害风险形势严峻复杂，灾害的突发性和异常性愈发明显。

防控难度不断加大。随着工业化、城镇化持续推进，我国中心城市、城市群迅猛发展，人口、生产要素更加集聚，产业链、供应链、价值链日趋复杂，生产生活空间高度关联，各类承灾体暴露度、集中度、脆弱性大幅增加。新能源、新工艺、新材料广泛应用，新产业、新业态、新模式大量涌现，引发新问题，形成新隐患，一些"想不到、管得少"的领域风险逐渐凸显。同时，灾害事故发生的隐蔽性、复杂性、耦合性进一步增加，重特大灾害事故往往引发一系列次生、衍生灾害事故和生态环境破坏，形成复杂多样的灾害链、事故链，进一步增加风险防控和应急处置的复杂性及难度。全球化、信息化、网络化的快速发展，也使灾害事故影响的广度和深度持续增加。

应急管理基础薄弱。应急管理体制改革还处于深化过程中，一些地方改革还处于磨合期，亟待构建优化协同高效的格局。防汛抗旱、抗震救灾、森林草原防灭火、综合减灾等工作机制还需进一步完善，安全生产综合监管和行业监管职责需要进一步理顺。应急救援力量不足特别是国家综合性消防救援队伍力量短缺问题突出，应急管理专业人才培养滞后，专业队伍、社会力量建设有待加强。科技信息化水平总体较低，风险隐患早期感知、早期识别、早期预警、早期发布能力欠缺，应急物资、应急通信、指挥平台、装备配备、紧急运输、远程投送等保障尚不完善。基层应急能力薄弱，公众风险防范意识、自救互救能力不足等问题比较突出，应急管理体系和能力与国家治理体系和治理能力现代化的要求存在很大差距。

二、总体要求

（一）指导思想。

以习近平新时代中国特色社会主义思想为指导，全面贯彻落实党的十九大和十九届历次全会精神，增强"四个意识"、坚定"四个自信"、做到"两个维护"，坚持系统观念，统筹推进"五位一体"总体布局，协调推进"四个全面"战略布局，坚定不移贯彻新发展理念，坚持稳中求进工作总基调，坚持人民至上、生命至上，坚持总体国家安全观，更好统筹发展和安全，以推动高质量发展为主题，以防范化解重大安全风险为主线，深入推进应急管理体系和能力现代化，坚决遏制重特大事故，最大限度降低灾害事故损失，全力保护人民群众生命财产安全和维护社会稳定，为建设更高水平的平安中国和全面建设社会主义现代化强国提供坚实安全保障。

（二）基本原则。

坚持党的领导。加强党对应急管理工作的集中统一领导，全面贯彻党的基本理论、基本路线、基本方略，把党的政治优势、组织优势、密切联系群众优势和社会主义集中力量办大事的制度优势转化为应急管理事业发展的强大动力和坚强保障。

坚持以人为本。坚持以人民为中心的发展思想，始终做到发展为了人民、发展依靠人民、发展成果由人民共享，始终把保护人民群众生命财产安全和身体健康放在第一位，全面提升国民安全素质和应急意识，促进人与自然和谐共生。

坚持预防为主。健全风险防范化解机制，做到关口前移、重心下移，加强源头管控，夯实安全基础，强化灾害事故风险评估、隐患排查、监测预警，综合运用人防物防技防等手段，真正把问题解决在萌芽之时、成灾之前。

坚持依法治理。运用法治思维和法治方式，加快构建适应应急管理体制的法律法规和标准体系，坚持权责法定、依法应急，增强全社会法治意识，实现应急管理的制度化、法治化、规范化。

坚持精准治理。科学认识和系统把握灾害事故致灾规律，统筹事前、事中、事后各环节，差异化管理、精细化施策，做到预警发布精准、抢险救援精准、恢复重建精准、监管执法精准。

坚持社会共治。把群众观点和群众路线贯穿工作始终，加强和创新社会治理，发挥市场机制作用，强化联防联控、群防群治，普及安全知识，培育安全文化，不断提高全社会安全意识，筑牢防灾减灾救灾的人民防线。

（三）主要目标。

总体目标：到2025年，应急管理体系和能力现代化建设取得重大进展，形成统一指挥、专常兼备、反应灵敏、上下联动的中国特色应急管理体制，建成统一领导、权责一致、权威高效的国家应急能力体系，防范化解重大安全风险体制机制不断健全，应急救援力量建设全面加强，应急管理法治水平、科技信息化水平和综合保障能力大幅提升，安全生产、综合防灾减灾形势趋稳向好，自然灾害防御水平明显提升，全社会防范和应对处置灾害事故能力显著增强。到2035年，建立与基本实现现代化相适应的中国特色大国应急体系，全面实现依法应急、科学应急、智慧应急，形成共建共治共享的应急管理新格局。

应急管理体制机制更加完善。领导体制、指挥体制、职能配置、机构设置、协同机制更趋合理，应急管理队伍建设、能力建设、作风建设取得重大进展，应急管理机构基础设施、装备条件大幅改善，工作效率、履职能力全面提升。县级以上应急管理部门行政执法装备配备达标率达到 80%。

灾害事故风险防控更加高效。安全风险分级管控与隐患排查治理机制进一步完善，多灾种和灾害链综合监测、风险早期感知识别和预报预警能力显著增强，城乡基础设施防灾能力、重点行业领域安全生产水平大幅提升，危险化学品、矿山、交通运输、建筑施工、火灾等重特大安全事故得到有效遏制，严防生产安全事故应急处置引发次生环境事件。灾害事故信息上报及时准确，灾害预警信息发布公众覆盖率达到 90%。

大灾巨灾应对准备更加充分。综合救援、专业救援、航空救援力量布局更加合理，应急救援效能显著提升，应急预案、应急通信、应急装备、应急物资、应急广播、紧急运输等保障能力全面加强。航空应急力量基本实现 2 小时内到达灾害事故易发多发地域，灾害事故发生后受灾人员基本生活得到有效救助时间缩短至 10 小时以内。

应急要素资源配置更加优化。科技资源、人才资源、信息资源、产业资源配置更趋合理高效，应急管理基础理论研究、关键技术研究、重大装备研发取得重大突破，规模合理、素质优良的创新型人才队伍初步形成，应急管理科技信息化水平明显提高，"一带一路"自然灾害防治和应急管理国际合作机制逐步完善。县级以上应急管理部门专业人才占比达到 60%。

共建共治共享体系更加健全。全社会安全文明程度明显提升，社会公众应急意识和自救互救能力显著提高，社会治理的精准化水平持续提升，规范有序、充满活力的社会应急力量发展环境进一步优化，共建共治共享的应急管理格局基本形成。重点行业规模以上企业新增从业人员安全技能培训率达到 100%。

三、深化体制机制改革，构建优化协同高效的治理模式

（一）健全领导指挥体制。

按照常态应急与非常态应急相结合，建立国家应急指挥总部指挥机制，省、市、县建设本级应急指挥部，形成上下联动的应急指挥部体系。按照综合协调、分类管理、分级负责、属地为主的原则，健全中央与地方分级响应机制，明确各级各类灾害事故响应程序，进一步理顺防汛抗旱、抗震救灾、森林草原防灭火等指挥机制。将消防救援队伍和森林消防队伍整合为一支正规化、专业化、职业化的国家综合性消防救援队伍，实行严肃的纪律、严密的组织，按照准现役、准军事化标准建设管理，完善统一领导、分级指挥的领导体制，组建统一的领导指挥机关，建立中央地方分级指挥和队伍专业指挥相结合的指挥机制，加快建设现代化指挥体系，建立与经济社会发展相适应的队伍编制员额同步优化机制。完善应急管理部门管理体制，全面实行准军事化管理。

（二）完善监管监察体制。

推进应急管理综合行政执法改革，整合监管执法职责，组建综合行政执法队伍，健全监管执法体系。推动执法力量向基层和一线倾斜，重点加强动态巡查、办案等一线执法工作力量。制定应急管理综合行政执法事项指导目录，建立完善消防执法跨部门协作机制，构建消防安全新型监管模式。制定实施安全生产监管监察能力建设规划，负有安全生产监管监察职责的部门要加强力量建设，确保切实有效履行职责。加强各级矿山安全监察机构力量建设，完善国家监察、地方监管、企业负责的矿山安全监管监察体制。推进地方矿山安全监管机构能力建设，通过政府购买服务方式为监管工作提供技术支撑。

（三）优化应急协同机制。

强化部门协同。充分发挥相关议事协调机构的统筹作用，发挥好应急管理部门的综合优势和各相关部门的专业优势，明确各部门在事故预防、灾害防治、信息发布、抢险救援、环境监测、物资保障、恢复重建、维护稳定等方面的工作职责。健全重大安全风险防范化解协同机制和灾害事故应对处置现场指挥协调机制。

强化区域协同。健全自然灾害高风险地区，以及京津冀、长三角、粤港澳大湾区、成渝城市群及长江、黄河流域等区域协调联动机制，统一应急管理工作流程和业务标准，加强重大风险联防联控，联合开展跨区域、跨流域风险隐患普查，编制联合应急预案，建立健全联合指挥、灾情通报、资源共享、跨域救援等机制。组织综合应急演练，强化互助调配衔接。

（四）压实应急管理责任。

强化地方属地责任。建立党政同责、一岗双责、齐抓共管、失职追责的应急管理责任制。将应急管理体系和能力建设纳入地方各级党政领导干部综合考核评价内容。推动落实地方党政领导干部安全生产责任制，制定安全生产职责清单和年度工作清单，将安全生产纳入高质量发展评价体系。健全地方政府预防与应急准备、灾害事故风险隐患调查及监测预警、应急处置与救援救灾等工作责任制，推动地方应急体系和能力建设。

明确部门监管责任。严格落实管行业必须管安全、管业务必须管安全、管生产经营必须管安全要求，依法依规进一步夯实有关部门在危险化学品、新型燃料、人员密集场所等相关行业领域的安全监管职责，加强对机关、团体、企业、事业单位的安全管理，健全责任链条，加强工作衔接，形成监管合力，严格把关重大风险隐患，着力防范重点行业领域系统性安全风险，坚决遏制重特大事故。

落实生产经营单位主体责任。健全生产经营单位负责、职工参与、政府监管、行业自律、社会监督的安全生产治理机制。将生产经营单位的主要负责人列为本单位安全生产第一责任人。以完善现代企业法人治理体系为基础，建立企业全员安全生产责任制度。健全生产经营单位重大事故隐患排查治理情况向负有安全生产监督管理职责的部门和职工大会（职代会）"双报告"制度。推动重点行业领域规模以上企业组建安全生产管理和技术团队，提高企业履行主体责任的专业能力。实施工伤预防行动计划，按规定合理确定工伤保险基金中工伤预防费的比例。

严格责任追究。健全灾害事故直报制度，严厉追究瞒报、谎报、漏报、迟报责任。建立完善重大灾害调查评估和事故调查机制，坚持事故查处"四不放过"原则，推动事故调查重点延伸到政策制定、法规修订、制度管理、标准技术等方面。加强对未遂事故和人员受伤事故的调查分析，严防小隐患酿成大事故。完善应急管理责任考评指标体系和奖惩机制，定期开展重特大事故调查处理情况"回头看"。综合运用巡查、督查等手段，强化对安全生产责任落实情况的监督考核。

四、夯实应急法治基础，培育良法善治的全新生态

（一）推进完善法律法规架构。

加快完善安全生产法配套法规规章，推进制修订应急管理、自然灾害防治、应急救援组织、国家消防救援人员、矿山安全、危险化学品安全等方面法律法规，推动构建具有中国特色的应急管理法律法规体系。支持各地因地制宜开展应急管理地方性法规规章制修订工作。持续推进精细化立法，健全应急管理立法立项、起草、论证、协调、审议机制和立法后实施情况评估机制。完善应急管理规章、规范性文件制定制度和监督管理制度，定期开展规范性文件集中清理和专项审查。完善公众参与政府立法机制，畅通公众参与渠道。开展丰富多样的普法活动，加大典型案例普法宣传。

（二）严格安全生产执法。

加大危险化学品、矿山、工贸、交通运输、建筑施工等重点行业领域安全生产执法力度，持续推进"互联网＋执法"。综合运用"四不两直"、异地交叉执法、"双随机、一公开"等方式，加大重点抽查、突击检查力度，建立健全安全生产典型执法案例报告制度，严厉打击非法生产经营行为。全面推行行政执法公示、执法全过程记录、重大执法决定法制审核三项制度，以及公众聚集场所投入使用、营业前消防安全检查告知承诺制。健全安全生产行政处罚自由裁量标准，细化行政处罚等级。严格事故前严重违法行为责任追究，严格执行移送标准和程序，规范实施行政执法与刑事司法衔接机制。加强执法监督，完善内外部监督机制。

（三）推动依法行政决策。

将应急管理行政决策全过程纳入法治化轨道，对一般和重大行政决策实行分类管理。完善公众参与、专家论证、风险评估、合法性审查、集体讨论决定等法定程序和配套制度，健全并实施应急管理重大行政决策责任倒查和追究机制。定期制定和更新决策事项目录和标准，依法向社会公布。建立依法应急决策制度，规范启动条件、实施方式、尽职免予问责等内容。深化应急管理"放管服"改革，加强事前事中事后监管和地方承接能力建设，积极营造公平有序竞争的市场环境。

（四）推进应急标准建设。

实施应急管理标准提升行动计划，建立结构完整、层次清晰、分类科学的应急管理标准体系。构建完善应急管理、矿山安全等相关专业标准化技术组织。针对灾害事故暴露出的标准短板，加快制修订一批支撑法律有效实施的国家标准和行业标准，研究制定应急管理领域大数据、物联网、人工智能等新技术应用标准，鼓励社会团体制定应急产品及服务类团体标准。加快安全生产、消防救援领域强制性标准制修订，尽快制定港区消防能力建设标准，开展应急管理相关国家标准实施效果评估。推动企业标准化与企业安全生产治理体系深度融合，开展国家级应急管理标准试点示范。鼓励先进企业创建应急管理相关国际标准，推动标准和规则互认。加大应急管理标准外文版供给。

五、防范化解重大风险，织密灾害事故的防控网络

（一）注重风险源头防范管控。

加强风险评估。以第一次全国自然灾害综合风险普查为基准，编制自然灾害风险和防治区划图。加强地震构造环境精细探测和重点地区与城市活动断层探察。推进城镇周边火灾风险调查。健全安全风险评估管理制度，推动重点行业领域企业建立安全风险管理体系，全面开展城市安全风险评估，定期开展重点区域、重大工程和大型油气储存设施等安全风险评估，制定落实风险管控措施。开展全国工业园区应急资源和能力全面调查，指导推动各地建设工业园区应急资源数据库。

科学规划布局。探索建立自然灾害红线约束机制。强化自然灾害风险区划与各级各类规划融合，完善规划安全风险评估会商机制。加强超大特大城市治理中的风险防控，统筹县域城镇和村庄规划建设，严格控制区域风险等级及风险容量，推进实施地质灾害避险搬迁工程，加快形成有效防控重大安全风险的空间格局和生产生活方式布局。将城市防灾减灾救灾基础设施用地需求纳入当地土地利用年度计划并予以优先保障。完善应急避难场所规划布局，健全避难场所建设标准和后评价机制，严禁随意变更应急避难场所和应急基础设施的使用性质。

（二）强化风险监测预警预报。

充分利用物联网、工业互联网、遥感、视频识别、第五代移动通信（5G）等技术提高灾害事故监测感知能力，优化自然灾害监测站网布局，完善应急卫星观测星座，构建空、天、地、海一体化全域覆盖的灾害事故监测预警网络。广泛部署智能化、网络化、集成化、微型化感知终端，高危行业安全监测监控实行全国联网或省（自治区、直辖市）范围内区域联网。完善综合风险预警制度，增强风险早期识别能力，发展精细化气象灾害预警预报体系，优化地震长中短临和震后趋势预测业务，提高安全风险预警公共服务水平。建立突发事件预警信息发布标准体系，优化发布方式，拓展发布渠道和发布语种，提升发布覆盖率、精准度和时效性，强化针对特定区域、特定人群、特定时间的精准发布能力。建立重大活动风险提示告知制度和重大灾害性天气停工停课停业制度，明确风险等级和安全措施要求。推进跨部门、跨地域的灾害事故预警信息共享。

（三）深化安全生产治本攻坚。

严格安全准入。加强工业园区等重点区域安全管理，制定危险化学品、烟花爆竹、矿山、工贸等"禁限控"目录，完善危险化学品登记管理数据库和动态统计分析功能，推动建立高危行业领域建设项目安全联合审批制度，强化特别管控危险化学品全生命周期管理。建立更加严格规范的安全准入体系，加强矿用、消防等设备材料安全管理，优化交通运输和渔业船舶等安全技术和安全配置。严格建设项目安全设施同时设计、同时施工、同时投入生产和使用制度，健全重大项目决策安全风险评估与论证机制。推动实施全球化学品统一分类和标签制度。

加强隐患治理。完善安全生产隐患分级分类排查治理标准，制定隐患排查治理清单，实现隐患自查自改自报闭环管理。建立危险化学品废弃报告制度。实行重大事故隐患治理逐级挂牌督办、及时整改销号和整改效果评价。推动将企业安全生产信息纳入政府监管部门信息平台，构建政府与企业多级多方联动的风险隐患动态数据库，综合分析研判各类风险、跟踪隐患整改清零。研究将安全风险分级管控和隐患排查治理列入企业安全生产费用支出范围。

深化专项整治。深入推进危险化学品、矿山、消防、交通运输、建筑施工、民爆、特种设备、大型商业综合体等重点行业领域安全整治，解决影响制约安全生产的薄弱环节和突出问题，督促企业严格安全管理、加大安全投入、落实风险管控措施。结合深化供给侧结构性改革，推动安全基础薄弱、安全保障能力低下且整改后仍不达标的企业退出市场。统筹考虑危险化学品企业搬迁和项目建设审批，优先保障符合条件企业的搬迁用地。持续推进企业安全生产标准化建设，实现安全管理、操作行为、设施设备和作业环境规范化。推动淘汰落后技术、工艺、材料和设备，加大重点设施设备、仪器仪表检验检测力度。推动各类金融机构出台优惠贷款等金融类产品，大力推广新技术、新工艺、新材料和新装备，实施智能化矿山、智能化工厂、数字化车间改造，开展智能化作业和危险岗位机器人替代示范。强化危险废物全过程监管，动态修订《国家危险废物名录》，修订危险废物鉴别、贮存以及水泥窑协同处置污染控制等标准，制定完善危险废物重点监管单位清单。建立废弃危险化学品等危险废物监管协作和联合执法工作机制，加强危险废物监管能力与应急处置技术支持能力建设。

（四）加强自然灾害综合治理。

改善城乡防灾基础条件。开展城市重要建筑、基础设施系统及社区抗震韧性评价及加固改造，提升学校、医院等公共服务设施和居民住宅容灾备灾水平。加强城市防洪排涝与调蓄设施建设，优化和拓展城市调蓄空间。增强公共设施应对风暴和地质灾害的能力，完善公共设施和建筑应急避难功能。统筹规划建设公共消防设施，加密消防救援站点。实施农村危房改造和地震高烈度设防地区农房抗震改造，逐步建立农村低收入人口住房安全保障长效机制。完善农村道路安全设施。推进自然灾害高风险地区居民搬迁避让，有序引导灾害风险等级高、基础设施条件较差、防灾减灾能力较弱的乡村人口适度向灾害风险较低的地区迁移。

提高重大设施设防水平。提升地震灾害、地质灾害、气象灾害、水旱灾害、海洋灾害、森林和草原火灾等自然灾害防御工程标准和重点基础设施设防标准。加强城市内涝治理，实施管网和泵站建设与改造、排涝通道建设、雨水源头减排工程。科学布局防火应急道路和火灾阻隔网络。完善网络型基础设施空间布局，积极推进智能化防控技术应用，增强可替代性，提升极端条件下抗损毁和快速恢复能力。加快推进城市群、重要口岸、主要产业及能源基地、自然灾害多发地区的多通道、多方式、多路径交通建设，提升交通网络系统韧性。推进重大地质灾害隐患工程治理，开展已建治理工程维护加固。开展重点岸段风暴潮漫滩漫堤联合预警，推进沿海地区海堤达标和避风锚地建设，构建沿海防潮防台减灾体系。加强国家供水应急救援基地建设。防范海上溢油、危险化学品泄漏等重大环境风险，提升应对海洋自然灾害和突发环境事件能力。加快京津冀平原沉降综合防治和地质灾害安全管理。

六、加强应急力量建设，提高急难险重任务的处置能力

（一）建强应急救援主力军国家队。

坚持党对国家综合性消防救援队伍的绝对领导，践行"对党忠诚、纪律严明、赴汤蹈火、竭诚为民"重要训词精神，对标应急救援主力军和国家队定位，严格教育、严格训练、严格管理、严格要求，全面提升队伍的正规化、专业化、职业化水平。积极适应"全灾种、大应急"综合救援需要，优化力量布局和队伍编成，填补救援力量空白，加快补齐国家综合性消防救援队伍能力建设短板，加大中西部地区国家综合性消防救援队伍建设支持力度。加强高层建筑、大型商业综合体、城市地下轨道交通、石油化工企业火灾扑救和地震、水域、山岳、核生化等专业救援力量建设，建设一批机动和拳头力量。发挥机动力量优势，明确调动权限和程序、与属地关系及保障渠道。加大先进适用装备配备力度，强化多灾种专业化训练，提高队伍极端条件下综合救援能力，增强防范重大事故应急救援中次生突发环境事件的能力。发展政府专职消防员和志愿消防员，加强城市消防站和乡镇消防队建设。加强跨国（境）救援队伍能力建设，积极参与国际重大灾害应急救援、紧急人道主义援助。适应准现役、准军事化标准建设需要和职业风险高、牺牲奉献大的特点，完善国家综合性消防救援队伍专门保障机制，提高职业荣誉感和社会尊崇度。

（二）提升行业救援力量专业水平。

强化有关部门、地方政府和企业所属各行业领域专业救援力量建设，组建一定规模的专业应急救援队伍、大型工程抢险队伍和跨区域机动救援队伍。完善救援力量规模、布局、装备配备和基础设施等建设标准，健全指挥管理、战备训练、遂行任务等制度，加强指挥人员、技术人员、救援人员实操实训，提高队伍正规化管理和技战术水平。加强各类救援力量的资源共享、信息互通和共训共练。健全政府购买应急服务机制，建立政府、行业企业和社会各方多元化资金投入机制，加快建立应急救援队伍多渠道保障模式。加强重点国际铁路、跨国能源通道、深海油气开发等重大工程安全应急保障能力建设。

（三）加快建设航空应急救援力量。

用好现有资源，统筹长远发展，加快构建应急反应灵敏、功能结构合理、力量规模适度、各方积极参与的航空应急救援力量体系。引导和鼓励大型民航企业、航空货运企业建设一定规模的专业航空应急队伍，购置大型、重型航空飞行器，提高快速运输、综合救援、高原救援等航空应急能力。采取直接投资、购买服务等多种方式，完善航空应急场站布局，加强常态化航空力量部署，增加森林航空消防飞机（直升机）机源和数量，实现森林草原防灭火重点区域基本覆盖。完善航空应急救援空域保障机制和航空器跨区域救援协调机制。支持航空应急救援配套专业建设，加强航空应急救援专业人才培养。

（四）引导社会应急力量有序发展。

制定出台加强社会应急力量建设的意见，对队伍建设、登记管理、参与方式、保障手段、激励机制、征用补偿等作出制度性安排，对社会应急力量参与应急救援行动进行规范引导。开展社会应急力量应急理论和救援技能培训，加强与国家综合性消防救援队伍等联合演练，定期举办全国性和区域性社会应急力量技能竞赛，组织实施分级分类测评。鼓励社会应急力量深入基层社区排查风险隐患、普及应急知识、就近就便参与应急处置等。推动将社会应急力量参与防灾减灾救灾、应急处置等纳入政府购买服务和保险范围，在道路通行、后勤保障等方面提供必要支持。

七、强化灾害应对准备，凝聚同舟共济的保障合力

（一）强化应急预案准备。

完善预案管理机制。修订突发事件应急预案管理办法，完善突发事件分类与分级标准，规范预警等级和应急响应分级。加强应急预案的统一规划、衔接协调和分级分类管理，完善应急预案定期评估和动态修订机制。强化预案的刚性约束，根据突发事件类别和级别明确各方职责任务，强化上下级、同级别、军队与地方、政府与企业、相邻地区等相关预案之间的有效衔接。建设应急预案数字化管理平台，加强预案配套支撑性文件的编制和管理。

加快预案制修订。制定突发事件应急预案编制指南，加强预案制修订过程中的风险评估、情景构建和应急资源调查。修订国家突发事件总体应急预案，组织指导专项、部门、地方应急预案修订，做好重要目标、重大危险源、重大活动、重大基础设施安全保障应急预案编制工作。有针对性地编制巨灾应对预案，开展应急能力评估。

加强预案演练评估。制定突发事件应急预案评估管理办法和应急演练管理办法，完善应急预案及演练的评估程序和标准。对照预案加强队伍力量、装备物资、保障措施等检查评估，确保应急响应启动后预案规定任务措施能够迅速执行到位。加强应急预案宣传培训，制定落实应急演练计划，组织开展实战化的应急演练，鼓励形式多样、节约高效的常态化应急演练，重点加强针对重大灾害事故的应急演练，根据演练情况及时修订完善应急预案。

（二）强化应急物资准备。

优化应急物资管理。按照中央层面满足应对特别重大灾害事故的应急物资保障峰值需求、地方层面满足启动本行政区域Ⅱ级应急响应的应急物资保障需求，健全完善应急物资保障体系，建立中央和地方、政府和社会、实物和产能相结合的应急物资储备模式，加强应急物资资产管理，建立健全使用和管理情况的报告制度。建立跨部门应急物资保障联动机制，健全跨区域应急物资协同保障机制。依法完善应急处置期间政府紧急采购制度，优化流程、简化手续。完善各类应急物资政府采购需求标准，细化技术规格和参数，加强应急物资分类编码及信息化管理。完善应急物资分类、生产、储备、装卸、运输、回收、报废、补充等相关管理规范。完善应急捐赠物资管理分配机制，规范进口捐赠物资审批流程。

加强物资实物储备。完善中央、省、市、县、乡五级物资储备布局，建立健全包括重要民生商品在内的应急物资储备目录清单，合理确定储备品类、规模和结构并动态调整。建立完善应急物资更新轮换机制。扩大人口密集区域、灾害事故高风险区域和交通不便区域的应急物资储备规模，丰富储备物资品种、完善储备仓库布局，重点满足流域大洪水、超强台风以及特别重大山洪灾害应急的物资需要。支持政企共建或委托企业代建应急物资储备库。

提升物资产能保障。制定应急物资产能储备目录清单，加强生产能力动态监控，掌握重要物资企业供应链分布。实施应急产品生产能力储备工程，建设区域性应急物资生产保障基地。选择符合条件的企业纳入产能储备企业范围，建立动态更新调整机制。完善鼓励、引导重点应急物资产能储备企业扩能政策，持续完善应急物资产业链。加强对重大灾害事故物资需求的预判研判，完善应急物资储备和集中生产调度机制。

（三）强化紧急运输准备。

加强区域统筹调配，建立健全多部门联动、多方式协同、多主体参与的综合交通应急运输管理协调机制。制定运输资源调运、征用、灾后补偿等配套政策，完善调运经费结算方式。深化应急交通联动机制，落实铁路、公路、航空应急交通保障措施。依托大型骨干物流企业，统筹建立涵盖铁路、公路、水运、民航等各种运输方式的紧急运输储备力量，发挥高铁优势构建力量快速输送系统，保障重特大灾害事故应急资源快速高效投送。健全社会紧急运输力量动员机制。加快建立储备充足、反应迅速、抗冲击能力强的应急物流体系。优化紧急运输设施空间布局，加快专业设施改造与功能嵌入，健全应急物流基地和配送中心建设标准。发挥不同运输方式规模、速度、覆盖优势，构建快速通达、衔接有力、功能适配、安全可靠的综合交通应急运输网络。加强交通应急抢通能力建设，进一步提高紧急运输能力。加强紧急运输绿色通道建设，完善应急物资及人员运输车辆优先通行机制。建设政企联通的紧急运输调度指挥平台，提高供需匹配效率，减少物资转运环节，提高救灾物资运输、配送、分发和使用的调度管控水平。推广运用智能机器人、无人机等高技术配送装备，推动应急物资储运设备集装单元化发展，提升应急运输调度效率。

（四）强化救助恢复准备。

健全灾害救助机制。完善自然灾害救助标准动态调整机制。加强灾后救助与其他专项救助相衔接，完善救灾资源动员机制，推广政府与社会组织、企业合作模式，支持红十字会、慈善组织等依法参与灾害救援救助工作。健全受灾群众过渡安置和救助机制，加强临时住所、水、电、道路、通信、广播电视等基础设施建设，保障受灾群众基本生活。针对儿童特点采取优先救助和康复措施，加强对孕产妇等重点群体的关爱保护。对受灾害影响造成监护缺失的未成年人实施救助保护。引导心理援助与社会工作服务参与灾害应对处置和善后工作，对受灾群众予以心理援助。

规范灾后恢复重建。健全中央统筹指导、地方作为主体、灾区群众广泛参与的重特大自然灾害灾后恢复重建机制。科学开展灾害损失评估、次生衍生灾害隐患排查及危险性评估、住房及建筑物受损鉴定和资源环境承载能力评价，完善评估标准和评估流程，科学制定灾后恢复重建规划。优先重建供电、通信、给排水、道路、桥梁、水库等基础设施，以及学校、医院、广播电视等公益性服务设施。完善灾后恢复重建的财税、金融、保险、土地、社会保障、产业扶持、蓄滞洪区补助政策，强化恢复重建政策实施监督评估。加强灾后恢复重建资金管理，引导国内外贷款、对口支援资金、社会捐赠资金等参与灾后恢复重建，积极推广以工代赈方式。

八、优化要素资源配置，增进创新驱动的发展动能

（一）破解重大瓶颈难题。

深化应用基础研究。聚焦灾害事故防控基础问题，强化多学科交叉理论研究。开展重大自然灾害科学考察与调查。整合利用中央和地方政府、企业以及其他优势科技资源，加强自主创新和"卡脖子"技术攻关。实施重大灾害事故防治、重大基础设施防灾风险评估等国家科技计划项目，制定国家重大应急关键技术攻关指南，加快主动预防型安全技术研究。

研制先进适用装备。加快研制适用于高海拔、特殊地形、原始林区等极端恶劣环境的智能化、实用化、轻量化专用救援装备。鼓励和支持先进安全技术装备在应急各专业领域的推广应用，完善《推广先进与淘汰落后安全技术装备目录》动态调整机制。着力推动一批关键技术装备的统型统配、认证认可、成果转化和示范应用。加快航天、航空、船舶、兵器等军工技术装备向应急领域转移转化。

搭建科技创新平台。以国家级实验室建设为引领，加快健全主动保障型安全技术支撑体系，完善应急管理科技配套支撑链条。整合优化应急领域相关共性技术平台，推动科技创新资源开放共享，统筹布局应急科技支撑平台，新增具备中试以上条件的灾害事故科技支撑基地 10 个以上。完善应急管理领域科技成果使用、处置收益制度，健全知识、技术、管理、数据等创新要素参与利益分配的激励机制，推行科技成果处置收益和股权期权激励制度。

增进国际交流合作。加强与联合国减少灾害风险办公室等国际组织的合作，推动构建国际区域减轻灾害风险网络。有序推动"一带一路"自然灾害防治和应急管理国际合作机制建设，创办国际合作部长论坛。推进中国-东盟应急管理合作。积极参与国际大科学装置、科研基地（中心）建设。

（二）构建人才集聚高地。

加强专业人才培养。建立应急管理专业人才目录清单，拓展急需紧缺人才培育供给渠道，完善人才评价体系。实施应急管理科技领军人才和技术带头人培养工程。加强应急管理智库建设，探索建立应急管理专家咨询委员会和重特大突发事件首席专家制度。将应急管理纳入各类职业培训内容，强化现场实操实训。加强注册安全工程师、注册消防工程师等职业资格管理，探索工程教育专业认证与国家职业资格证书衔接机制。依托应急管理系统所属院校，按程序和标准筹建应急管理类大学，建强中国消防救援学院。鼓励各地依托现有资源建设一批应急管理专业院校和应急管理职业学院。加强应急管理学科专业体系建设，鼓励高校开设应急管理相关专业。加强综合型、复合型、创新型、应用型、技能型应急管理人才培养。实施高危行业领域从业人员安全技能提升行动，严格执行安全技能培训合格后上岗、特种作业人员持证上岗制度，积极培养企业安全生产复合型人才和岗位能手。提升应急救援人员的多言多语能力，依托高校、科研院所、医疗机构、志愿服务组织等力量建设专业化应急语言服务队伍。

加强干部队伍建设。坚持党管干部原则，坚持好干部标准，贯彻落实新时代党的组织路线，建立健全具有应急管理职业特点的"选、育、管、用"干部管理制度，树立讲担当重担当、重实干重实绩的用人导向，选优配强各级应急管理领导班子。将应急管理纳入地方党政领导干部必修内容，开发面向各级领导干部的应急管理能力培训课程。完善应急管理干部素质培养体系，建立定期培训和继续教育制度，提升应急管理系统干部政治素养和业务能力。加大专业人才招录和培养力度，提高应急管理干部队伍专业人才比例。推进应急管理系统、国家综合性消防救援队伍干部交流，加强优秀年轻干部发现培养和选拔使用。建立健全符合应急管理职业特点的待遇保障机制，完善职业荣誉激励、表彰奖励和疗休养制度。

（三）壮大安全应急产业。

优化产业结构。以市场为导向、企业为主体，深化应急管理科教产教双融合，推动安全应急产业向中高端发展。采用推荐目录、鼓励清单等形式，引导社会资源投向先进、适用、可靠的安全应急产品和服务。加快发展安全应急服务业，发展智能预警、应急救援救护等社区惠民服务，鼓励企业提供安全应急一体化综合解决方案和服务产品。

推动产业集聚。鼓励有条件的地区发展各具特色的安全应急产业集聚区，加强国家安全应急产业示范基地建设，形成区域性创新中心和成果转化中心。充分发挥国家安全应急产业示范基地作用，提升重大突发事件处置的综合保障能力，形成区域性安全应急产业链，引领国家安全应急技术装备研发、安全应急产品生产制造和安全应急服务发展。

支持企业发展。引导企业加大应急能力建设投入，支持安全应急领域有实力的企业做强做优，培育一批在国际、国内市场具有较强竞争力的安全应急产业大型企业集团，鼓励特色明显、创新能力强的中小微企业利用现有资金渠道加速发展。

（四）强化信息支撑保障。

广泛吸引各方力量共同参与应急管理信息化建设，集约建设信息基础设施和信息系统。推动跨部门、跨层级、跨区域的互联互通、信息共享和业务协同。强化数字技术在灾害事故应对中的运用，全面提升监测预警和应急处置能力。加强空、天、地、海一体化应急通信网络建设，提高极端条件下应急通信保障能力。建设绿色节能型高密度数据中心，推进应急管理云计算平台建设，完善多数据中心统一调度和重要业务应急保障功能。系统推进"智慧应急"建设，建立符合大数据发展规律的应急数据治理体系，完善监督管理、监测预警、指挥救援、灾情管理、统计分析、信息发布、灾后评估和社会动员等功能。升级气象核心业务支撑高性能计算机资源池，搭建气象数据平台和大数据智能应用处理系统。推进自主可控核心技术在关键软硬件和技术装备中的规模应用，对信息系统安全防护和数据实施分级分类管理，建设新一代智能运维体系和具备纵深防御能力的信息网络安全体系。

九、推动共建共治共享，筑牢防灾减灾救灾的人民防线

（一）提升基层治理能力。

以网格化管理为切入点，完善基层应急管理组织体系，加强人员力量配备，厘清基层应急管理权责事项，落实基层政府及相关部门责任。加强和规范基层综合性应急救援队伍、微型消防站建设，推动设立社区、村应急服务站，培养发展基层应急管理信息员和安全生产社会监督员，建立完善"第一响应人"制度。指导基层组织和单位修订完善应急预案。引导乡镇（街道）、村（社区）防灾减灾基础设施建设有序发展，增强城乡社区综合服务设施应急功能。统筹防灾减灾救灾和巩固拓展脱贫攻坚成果，防止因灾致贫返贫。推动国家安全发展示范城市、全国综合减灾示范县（市、区、旗）和全国综合减灾示范社区创建工作，新增全国综合减灾示范社区3 000个以上，充分发挥示范引领作用。指导生产经营单位加强应急管理组织建设，推动监管和服务向小微企业延伸。

（二）加强安全文化建设。

深化理论研究，系统阐述新时代应急管理的丰富内涵、核心理念和重大任务，编发应急管理理论释义读本。选树、宣传英雄模范，发挥精神引领、典型示范作用。推动将安全素质教育纳入国民教育体系，把普及应急常识和自救逃生演练作为重要内容。繁荣发展安全文化事业和安全文化产业，扩大优质产品供给，拓展社会资源参与安全文化建设的渠道。推动建立公众安全科普宣教媒体绿色通道，加强基于互联网的科普宣教培训，增强科普宣教的知识性、趣味性、交互性。推动安全宣传进企业、进农村、进社区、进学校、进家庭，推进消防救援站向社会公众开放，结合防灾减灾日、安全生产月、全国消防日等节点，开展形式多样的科普宣教活动。建设面向公众的应急救护培训体系，加强"红十字博爱家园"建设，推动建立完善村（社区）、居民家庭的自救互救和邻里相助机制。推动学校、商场、地铁、火车站等人员密集场所配备急救箱和体外除颤仪。做好应急状态下的新闻宣传和舆论引导，主动回应社会关切。

（三）健全社会服务体系。

实行企业安全生产信用风险分类管理制度，建立企业安全生产信用修复机制，依法依规公布安全生产领域严重失信主体名单并实施失信联合惩戒。支持行业协会制定行约行规、自律规范和职业道德准则，建立健全职业规范和奖惩机制。鼓励行业协会、专业技术服务机构和保险机构参与风险评估、隐患排查、管理咨询、检验检测、预案编制、应急演练、教育培训等活动。推进检验检测认证机构市场化改革，支持第三方检测认证服务发展，培育新型服务市场。强化保险等市场机制在风险防范、损失补偿、恢复重建等方面的积极作用，探索建立多渠道多层次的风险分担机制，大力发展巨灾保险。鼓励企业投保安全生产责任保险，丰富应急救援人员人身安全保险品种。

十、实施重大工程项目，夯实高质量发展的安全基础

（一）管理创新能力提升工程。

1. 应急救援指挥中心建设。

建成国家应急指挥总部，完善调度指挥、会商研判、模拟推演、业务保障等设施设备及系统。按照就近调配、快速行动、有序救援的原则推进区域应急救援中心工程建设，健全完善指挥场所、综合救援、物资储备、培训演练、装备储备、航空保障场所及配套设施。建设综合应急实训演练基地，完善室内理论教学、室外实操实训、仿真模拟救援等设施设备。完善国家应急医学研究中心工作条件。推进国家、省、市、县四级综合指挥调度平台和地方应急指挥平台示范建设，实现各级政府与行业部门、重点救援队伍互联互通、协调联动。建设重点城市群、都市圈应急救援协同调度平台。

2. 安全监管监察能力建设。

制定执法装备配备标准，配齐配强各级各行业领域安全监管监察执法队伍装备，持续改善执法工作保障条件。提升安全监管监察执法大数据应用水平。建成危险化学品、矿山、城市安全、金属冶炼、油气等重大事故防控技术支撑基地。升级优化危险化学品登记管理系统。建成矿用新装备新材料安全准入分析验证实验室和火灾事故调查分析实验室，完善设备全生命周期认证溯源管理系统。充分利用现有设施，完善监管监察执法装备测试、验证、维护、校验平台和智能化矿山安全监管监察辅助决策支撑平台，加强省级安全生产技术支撑中心实验室和分区域安全生产综合技术支撑中心实验室建设。

（二）风险防控能力提升工程。

3. 灾害事故风险区划图编制。

开展全国地震活动断层探察，编制第六代全国地震区划图。开展全国地质灾害风险普查，编制全国地质灾害风险区划图和防治区划图。开展台风、暴雨、暴雪等气象灾害和风暴潮、海啸等海洋灾害风险调查，编制不同尺度的危险性分布和风险评估分布图。开展安全生产重点行业领域专项调查。研发区域综合风险评估、自然灾害与事故灾难耦合风险评估等关键技术，编制城市公共安全风险评估、重大风险评估和情景构建等相关技术标准。建设灾害事故风险调查、典型风险与隐患排查数据库，建设全国灾害评估与区划系统。

4. 风险监测预警网络建设。

实施自然灾害监测预警信息化工程，建设国家风险监测感知与预警平台，完善地震、地质、气象、森林草原火灾、海洋、农业等自然灾害监测站网，增加重点区域自然灾害监测核心基础站点和常规观测站点密度，完善灾害风险隐患信息报送系统。建设沙尘暴灾害应急处置信息管理平台，在主要沙尘源区试点布设沙尘暴自动监测站。升级覆盖危险化学品、矿山、烟花爆竹、尾矿库、工贸及油气管道等重点企业的监测预警网络。推进城市电力、燃气、供水、排水管网和桥梁等城市生命线及地质灾害隐患点、重大危险源的城乡安全监测预警网络建设。加快完善城乡安全风险监测预警公共信息平台，整合安全生产、自然灾害、公共卫生等行业领域监测系统，汇聚物联网感知数据、业务数据以及视频监控数据，实现城乡安全风险监测预警"一网统管"。建设基于云架构的新一代国家突发事件预警信息发布系统。稳步推进卫星遥感网建设，开发应急减灾卫星综合应用系统和自主运行管理平台，推动空基卫星遥感网在防灾减灾救灾、应急救援管理中的应用。

5. 城乡防灾基础设施建设。

实施地震易发地区学校、医院、体育馆、图书馆、养老院、儿童福利机构、未成年人救助保护机构、精神卫生福利机构、救助管理机构等公共设施和农村房屋抗震加固。推动基于城市信息模型的防洪排涝智能化管理平台建设。在重点城市群、都市圈和自然灾害多发地市及重点县区，依托现有设施建设集应急指挥、应急演练、物资储备、人员安置等功能于一体的综合性应急避难场所。加强城乡公共消防设施和城镇周边森林草原防火设施建设，开展政府专职消防队伍、地方森林草原消防队伍、企业专职消防队伍达标创建。加强农田、渔港基础设施建设和农村公路、隧道、乡镇渡口渡船隐患整治，实施公路安全生命防护工程、高速公路护栏提质改造和农村公路危桥改造。深入推进农村公路平交路口"一灯一带"示范工程。开展行业单位消防安全示范建设，实施高层建筑、大型商业综合体、城市地下轨道交通、石油化工企业、老旧居民小区等重点场所和易地扶贫搬迁安置场所消防系统改造，打通消防车通道、楼内疏散通道等"生命通道"。

6. 安全生产预防工程建设。

实施化工园区安全提质和危险化学品企业安全改造工程，以危险工艺本质安全提升与自动化改造、安全防护距离达标改造、危险源监测预警系统建设为重点，推进化工园区示范创建，建设化工园区风险评估与分级管控平台。推进城镇人口密集区危险化学品生产企业搬迁改造。开展煤矿瓦斯综合治理和水害、火灾、冲击地压等重大灾害治理。基本完成尾矿库"头顶库"安全治理及无生产经营主体尾矿库、长期停用尾矿库闭库治理。实施"工业互联网＋安全生产"融合应用工程，建设行业分中心和数据支撑平台，建立安全生产数据目录。

（三）巨灾应对能力提升工程。

7. 国家综合性消防救援队伍建设。

依托国家综合性消防救援队伍，建设一批国家级特种灾害救援队、区域性机动救援队、搜救犬专业救援队，在重点化工园区、危险化学品储存量大的港区所在地建设石油化工、煤化工等专业应急救援队。实施综合性消防救援装备现代化工程，补齐常规救援装备，升级单兵防护装备，加强适用于极端条件和特种类型灾害事故的单兵实时监测、远程供水、举高喷射、破拆排烟、清障挖掘等先进专业装备配备。支持区域中心城市、中西部地区和东北三省消防救援战勤装备物资建设，支持"三区三州"消防救援站配备高原抢险救援车等专用车辆装备。建设国家级综合消防救援训练基地，以及地震救援、水域救援、化工救援、森林草原防灭火、航空灭火救援、抗洪抢险等国家级专业训练基地和一批区域性驻训备勤保障基地。

8. 国家级专业应急救援队伍建设。

依托应急管理部自然灾害工程抢险机构，以及水利水电建设、建筑施工领域大型企业，在洪涝、地质灾害发生频率高的地区建设区域性应急救援工程抢险队伍。依托森工企业、地方政府森林消防骨干队伍，加强黑龙江大兴安岭、内蒙古大兴安岭、吉林长白山、云南昆明、四川西昌等重点林区区域性机械化森林消防力量建设。

大力提升四川、云南、西藏、新疆等地震易发高发区区域地质地震灾害救援能力。依托中央企业、地方国有骨干企业，加强矿山排水、重点地区危险化学品、重大油气储备基地及储备库、长江中上游水上、重点铁路隧道、海上油气开采应急救援队伍建设。补充更新国家级安全生产应急救援队伍关键救援装备。加强灾害事故应急救援现场技术支撑保障力量建设。完善中国救援队和中国国际救援队基础训练、航空救援、水上搜寻、应急医学救援等训练设施，配备专业救援车辆及装备。

9. 地方综合性应急救援队伍建设。

结合区域性应急救援力量建设，依托现有安全生产、防灾减灾应急救援队伍和政府专职消防队伍，重点调整优化省级和地市级综合性应急救援力量，完善应急救援装备储运设施和体能、专业技战术、装备实操、特殊灾害环境适应性等训练设施，补充配备通用应急救援、应急通信、应急勘测、个体防护等装备，拓展地震搜救、抗洪抢险、火灾扑救等救援功能。

10. 航空应急救援队伍建设。

提升航空综合救援能力，建设具备高原救援、重载吊装、远程侦察等能力的航空应急救援和航油航材应急保障力量。完善应急救援航空调度信息系统。建设航空应急科研基地。完善一批运输、通用机场，配备航空消防、气象保障、航油储备、夜间助航、检修维修等保障设施设备。新建应急救援飞行器维修维护基地，以及集航空应急救援训练、培训、演练、保障、服务等功能于一体的综合航空应急服务基地。完善森林航空护林场站布局，改造现有航空护林场站，新建一批全功能航站和护林机场；在森林火灾重点区域，合理布设野外停机坪和直升机临时起降场、灭火取水点和野外加油站。

11. 应急物资装备保障建设。

充分利用仓储资源，依托现有中央和地方物资储备库，建设综合应急物资储备库。在交通枢纽城市、人口密集区域、易发生重特大自然灾害区域建设一批综合性国家储备基地。建设完善国家综合性消防救援队伍应急物资储备库及战勤保障站。在关键物流枢纽建设应急物资调运平台和区域配送中心，依托大型快递物流企业建设一批综合应急物资物流基地。完善国家应急资源管理平台和应急物资保障数据库，汇聚应急物资信息。

（四）综合支撑能力提升工程。

12. 科技创新驱动工程建设。

建设重大自然灾害风险综合防范、重特大生产安全事故防控、复合链生灾害事故防治、城市安全与应急、矿山重大灾害治理、防汛抗旱应急技术、应急医学救援等国家级实验室和部级实验室。建设地震科学实验场和地震动力学国家重点实验室。实施大灾巨灾情景构建工程。建设火灾防治、消防救援装备、防汛抗旱和气象灾害防治、应急救援机器人检测、无人机实战验证、应急通信和应急装备物联网、大型石油储罐火灾抢险救援、城市跨类灾害事故防控、煤矿深部开采与冲击地压防治、高瓦斯及突出煤矿灾害防治等研究基地。依托现有机构完善危险化学品安全研究支撑平台。优化自然灾害领域国家野外科学观测研究站布局。建设应急管理领域国家科技资源共享服务平台和重点灾害地区综合防灾减灾技术支撑平台。完善区域地球表层、巨灾孕育发生机理等模拟系统和国际灾害信息管理平台。

13. 应急通信和应急管理信息化建设。

构建基于天通、北斗、卫星互联网等技术的卫星通信管理系统，实现应急通信卫星资源的统一调度和综合应用。提高公众通信网整体可靠性，增强应急短波网覆盖和组网能力。实施智慧应急大数据工程，建设北京主数据中心和贵阳备份数据中心，升级应急管理云计算平台，强化应急管理应用系统开发和智能化改造，构建"智慧应急大脑"。采用 5G 和短波广域分集等技术，完善应急管理指挥宽带无线专用通信网。推动应急管理专用网、电子政务外网和外部互联网融合试点。建设高通量卫星应急管理专用系统，扩容扩建卫星应急管理专用综合服务系统。开展北斗系统应急管理能力示范创建。

14. 应急管理教育实训工程建设。

完善应急管理大学（筹）、中国消防救援学院和应急管理干部培训学院等院校的教学、培训、科研等设施。升级改造国家安全监管监察执法综合实训华北基地，补充油气输送管道、城市地下燃气管道、地下空间等专业领域及工贸、建筑施工等行业安全生产监管实训设施设备。改善安全监管执法人员资格考试场地条件。建设国家综合性消防救援队伍康复休整基地，完善训练伤防治、康复医疗、心理疏导、轮训休整等设备及设施。

15. 安全应急装备推广应用示范。

实施安全应急装备应用试点示范和高风险行业事故预防装备推广工程，引导高危行业重点领域企业提升安全装备水平。在危险化学品、矿山、油气输送管道、烟花爆竹、工贸等重点行业领域开展危险岗位机器人替代示范工程建设，建成一批无人少人智能化示范矿井。通过先进装备和信息化融合应用，实施智慧矿山风险防控、智慧化工园区风险防控、智慧消防、地震安全风险监测等示范工程。针对地震、滑坡、泥石流、堰塞湖、溃堤溃坝、森林火灾等重大险情，加强太阳能长航时和高原型大载荷无人机、机器人以及轻量化、智能化、高机动性装备研发及使用，加大 5G、高通量卫星、船载和机载通信、无人机通信等先进技术应急通信装备的配备和应用力度。

（五）社会应急能力提升工程。

16. 基层应急管理能力建设。

实施基层应急能力提升计划，开展基层应急管理能力标准化建设，为基层应急管理工作人员配备常用应急救援装备和个体防护装备，选取条件较好的区域建设基层移动指挥中心、基层综合应急救援服务站。编制完善应急管理培训大纲、考核标准和相关教材，开展各级应急管理工作人员专业知识培训。推进应急广播系统建设，开展农村应急广播使用人员培训和信息发布演练。在交通不便或灾害事故风险等级高的乡镇开展应急物资储备点（库）建设。

17. 应急科普宣教工程建设。

实施应急科普精品工程，利用传统媒体、网站和新媒体平台等载体，面向不同社会群体开发推广应急科普教材、读物、动漫、游戏、影视剧、短视频等系列产品。建设数字防灾减灾教育资源公共服务平台、标准化应急知识科普库、公众科普宣教平台和应急虚拟体验馆。利用废弃矿山、搬迁化工企业旧址和遗留设施等，建设安全生产主题公园、体验基地；依托科技馆、城市森林公园、灾害遗址公园等设施，建设一批集灾害事故科普教育、法规政策宣传、应急体验、自救互救模拟等功能于一体的安全文化教育基地；分级建设一批应急消防科普教育基地。

十一、组织实施

（一）加强组织领导。

各地区、各有关部门要根据职责分工，结合实际制定规划涉及本地区、本部门的主要目标任务实施方案，细化措施，落实责任，加强规划实施与年度计划的衔接，明确规划各项任务的推进计划、时间节点和阶段目标。健全跨地区、跨部门规划实施协同配合机制，密切工作联系、强化统筹协调，确保规划实施有序推进，确保重大举措有效落地，确保各项目标如期实现。

（二）加强投入保障。

充分发挥重点工程项目的引导带动作用，按照事权与支出责任相适应的原则，加强资源统筹，在充分利用现有资源的基础上，完善财政和金融政策。各级财政结合财政收支情况，对规划实施予以合理保障。统筹资金使用，整合优化资源，形成政策合力。发挥政策导向作用，努力消除地区和城乡差异，引导多元化资金投入。

（三）加强监督评估。

加强规划实施监测评估，将规划任务落实情况作为对地方和有关部门工作督查考核评价的重要内容。地方政府要加强对本地区规划实施情况的监督检查。应急管理部要组织开展规划实施年度监测、中期评估和总结评估，跟踪进展情况，分析存在的问题，提出改进建议，加强督促落实，重要情况及时向国务院报告。

关于印发《中央财政农业保险保费补贴管理办法》的通知

财金〔2021〕130 号

农业农村部、林草局，各省、自治区、直辖市、计划单列市财政厅（局），新疆生产建设兵团财政局，财政部各地监管局，中国融通资产管理集团有限公司、中国储备粮管理集团有限公司、北大荒农垦集团有限公司、中国农业发展集团有限公司，有关保险公司：

为进一步做好农业保险保费补贴工作，提升财政资金使用绩效，推动农业保险加快高质量发展，结合近年来工作实践和新形势新要求，我们对 2016 年制定的《中央财政农业保险保险费补贴管理办法》进行了修订，形成了新的《中央财政农业保险保费补贴管理办法》。现印发给你们，请遵照执行。

财政部

2021 年 12 月 31 日

中央财政农业保险保费补贴管理办法

第一章 总则

第一条 为加强农业保险保费补贴资金管理，提升农业保险数据信息服务水平，加快农业保险高质量发展，完善农业支持保护制度，助力乡村振兴，服务保障国家粮食安全，根据《中华人民共和国预算法》及其实施条例、《农业保险条例》、《金融企业财务规则》等规定，制定本办法。

第二条 本办法所称中央财政农业保险保费补贴，是指财政部对地方政府引导有关农业保险经营机构（以下简称承保机构）开展的符合条件的农业保险业务，按照保费的一定比例，为投保农户、农业生产经营组织等提供补贴。

本办法所称承保机构,是指保险公司以及依法设立并开展农业保险业务的农业互助保险等保险组织。本办法所称农业生产经营组织,是指农民专业合作社、农业企业以及其他农业生产经营组织。

第三条   农业保险工作遵循政府引导、市场运作、自主自愿、协同推进的原则。农业保险保费补贴工作实行财政支持、分级负责、预算约束、政策协同、绩效导向、惠及农户的原则。

(一)财政支持。财政部门履行牵头主责,从发展方向、制度设计、政策制定、资金保障等方面推进农业保险发展,通过保费补贴、机构遴选等多种政策手段,发挥农业保险机制性工具作用,督促承保机构依法合规展业,充分调动各参与方积极性,推动农业保险高质量发展。

(二)分级负责。财政部根据预算管理相关规定,加强对地方农业保险保费补贴工作的指导和监督。省级财政部门对本地区农业保险保费补贴工作负总责,省以下地方财政部门按照属地原则各负其责。

(三)预算约束。各级财政部门应综合考虑农业发展、财政承受能力等实际情况,适应农业保险业务发展趋势和内在规律,量力而行、尽力而为,合理确定本地区农业保险发展优先顺序,强化预算约束,提高财政预算管理水平。

(四)政策协同。各级财政部门加强与农业农村、保险监管、林草等有关单位以及承保机构的协同,推动农业保险保费补贴政策与其他农村金融和支农惠农政策有机结合,促进形成农业保险健康发展的长效机制。

(五)绩效导向。突出正向激励,构建科学合理的综合绩效评价指标体系,强化绩效目标管理,做好绩效运行监控,开展绩效评价和结果应用。

(六)惠及农户。各级财政部门会同有关方面聚焦服务"三农",确保农业保险政策精准滴灌,切实提升投保农户政策获得感和满意度。

第二章　补贴政策

第四条　中央财政提供保费补贴的农业保险（以下简称补贴险种）标的为关系国计民生和粮食、生态安全的主要大宗农产品，以及根据党中央、国务院有关文件精神确定的其他农产品；对地方优势特色农产品保险，通过以奖代补政策给予支持。

鼓励各省、自治区、直辖市、计划单列市（以下统称省）结合本地实际和财力状况，对符合农业产业政策、适应当地"三农"发展需求的农业保险给予一定的保费补贴等政策支持。

第五条　中央财政补贴险种的保险标的主要包括：

（一）种植业。稻谷、小麦、玉米、棉花、马铃薯、油料作物、糖料作物、天然橡胶、三大粮食作物（稻谷、小麦、玉米）制种。

（二）养殖业。能繁母猪、育肥猪、奶牛。

（三）森林。公益林、商品林。

（四）涉藏特定品种。青稞、牦牛、藏系羊。

第六条　对中央财政补贴险种的保费，中央财政、省级财政按照保费的一定比例提供补贴，纳入补贴范围的中央单位承担一定比例保费。

省级财政平均补贴比例表示为（$25\%+a\%$），以保费规模为权重加权平均计算。

中央单位平均承担比例表示为（$10\%+b\%$），以保费规模为权重加权平均计算。中央单位指纳入中央财政农业保险保费补贴范围的新疆生产建设兵团、北大荒农垦集团有限公司、广东农垦集团公司、中国融通资产管理集团有限公司、中国储备粮管理集团有限公司、中国农业发展集团有限公司和大兴安岭林业集团公司。

第七条　对中央财政补贴险种的保费，中央财政承担补贴比例如下：

（一）种植业保险保费。当 $a\geq0$ 时，中央财政对中西部地区和东北地区（不含大连市）补贴 45%，对东部地区补贴 35%；当 $a<0$ 时，中央财政对中西部地区和东北地区（不含大连市）补贴（$45\%+a\%\times1.8$），对东部地区补贴（$35\%+a\%\times1.4$）。当 $b\geq0$

时，中央财政 2022 年对中央单位补贴 65％，2023 年对中央单位补贴 60％，2024 年起对中央单位补贴 55％；当 $b<0$ 时，中央财政 2022 年对中央单位补贴（65％＋b％×6.5），2023 年对中央单位补贴（60％＋b％×6），2024 年起对中央单位补贴（55％＋b％×5.5）。

（二）养殖业保险保费。当 $a≥0$ 时，中央财政对中西部地区补贴 50％，对东部地区补贴 40％；当 $a<0$ 时，中央财政对中西部地区补贴（50％＋a％×2），对东部地区补贴（40％＋a％×1.6）。当 $b≥0$ 时，中央财政 2022 年对中央单位补贴 70％，2023 年对中央单位补贴 65％，2024 年起对中央单位补贴 60％；当 $b<0$ 时，中央财政 2022 年对中央单位补贴（70％＋b％×7），2023 年对中央单位补贴（65％＋b％×6.5），2024 年起对中央单位补贴（60％＋b％×6）。

（三）森林保险保费。当 $a≥0$ 时，中央财政对各省公益林补贴 50％、商品林补贴 30％；当 $a<0$ 时，中央财政对各省公益林补贴（50％＋a％×2）、商品林补贴（30％＋a％×1.2）。当 $b≥0$ 时，中央财政对大兴安岭林业集团公司公益林补贴 70％、商品林补贴 50％；当 $b<0$ 时，中央财政对大兴安岭林业集团公司公益林补贴（70％＋b％×7）、商品林补贴（50％＋b％×5）。

（四）涉藏特定品种保险保费。对于青稞、牦牛、藏系羊保险保费，当 $a≥0$ 时，中央财政补贴 40％；当 $a<0$ 时，中央财政补贴（40％＋a％×1.6）。中央单位参照执行。

第八条　对地方优势特色农产品保险，中央财政每年安排一定资金给予奖补支持，结合各省和新疆生产建设兵团农业保险保费补贴综合绩效评价结果和地方优势特色农产品保险保费规模加权分配。

各省和新疆生产建设兵团农业保险保费补贴综合绩效评价结果权重为 20％。在综合绩效评价结果整体权重下，按照综合绩效评价得分由高到低的顺序，将各省划分为 4 档，第一档 10 个省、第二档 10 个省、第三档 8 个省，其余省归为第四档。第一、二、三档分别分配综合绩效评价结果整体奖补资金总额的 50％、35％、15％，每一档内各省平均分配；第四档不予分配综合绩效评价结果奖补资金。

上一年度省级财政给予补贴、符合保险原则的地方优势特色农产品保险保费规模权重为 80％。

各省和新疆生产建设兵团所获地方优势特色农产品保险奖补资金不得高于该省所获大宗农产品中央财政农业保险保费补贴资金规模。所获大宗农产品中央财政农业保险保费补贴低于 1 000 万元的省，不得享受地方优势特色农产品保险奖补政策。

假设中央财政安排当年地方优势特色农产品保险奖补资金为 A，某省上一年度省级财政给予补贴、符合保险原则的地方优势特色农产品保险保费规模在全国占比为 θ％，该省综合绩效评价得分属于第 n 档，该省所获大宗农产品中央财政农业保险保费补贴资金规模为 B，则该省当年所获地方优势特色农产品保险奖补资金 M 可表示为：①当 $n＝1$ 时，$M＝A×80％×\theta％+A×20％×50％÷10$；②当 $n＝2$ 时，$M＝A×80％×\theta％+A×20％×35％÷10$；③当 $n＝3$ 时，$M＝A×80％×\theta％+A×20％×15％÷8$；④当 $n＝4$ 时，$M＝A×80％×\theta％$。以上当且仅当 $M≤B$ 且 $B≥1 000$ 万元时成立，否则 M 取零。

省级财政每年可从中央财政安排当地地方优势特色农产品保险奖补资金中提取一定比例的资金，统筹用于完善大灾风险分散机制、加强信息化建设等农业保险相关工作，具体用途由省级财政决定。省级财政每年提取金额不得超过当年中央财政安排当地奖补资金的 20％。

第九条 鼓励省级财政部门结合实际，对不同险种、不同区域实施差异化的农业保险保费补贴政策，加大对重要农产品、规模经营主体、产粮大县、脱贫地区及脱贫户的支持力度。

第三章 保险方案

第十条 承保机构应当公平、合理拟订农业保险条款和费率。保险费率应当按照保本微利原则厘定，综合费用率不高于 20％。

属于财政给予保费补贴险种的保险条款和保险费率，承保机构应当在充分听取各地人民政府财政、农业农村、林草部门和农户代表以及财政部各地监管局（以下简称监管局）意见的基础上拟订。

第十一条　补贴险种的保险责任应当涵盖当地主要的自然灾害、重大病虫鼠害、动物疾病疫病、意外事故、野生动物毁损等风险；有条件的地方可稳步探索将产量、气象等变动作为保险责任。

第十二条　补贴险种的保险金额，主要包括：

（一）种植业保险。原则上为保险标的生长期内所发生的物化成本，包括种子、化肥、农药、灌溉、机耕和地膜等成本。对于13个粮食主产省（含大连市、青岛市）产粮大县的三大粮食作物，保险金额可以覆盖物化成本、土地成本和人工成本等农业生产总成本（完全成本）；如果相应品种的市场价格主要由市场机制形成，保险金额也可以体现农产品价格和产量，覆盖农业种植收入。

（二）养殖业保险。原则上为保险标的的生产成本，可包括部分购买价格或饲养成本，具体由各省根据养殖业发展实际、地方财力状况等因素综合确定保险金额。

（三）森林保险。原则上为林木损失后的再植成本，包括灾害木清理、整地、种苗处理与施肥、挖坑、栽植、抚育管理到树木成活所需的一次性总费用。

鼓励各省和承保机构根据本地农户的支付能力，适当调整保险金额。对于超出上述标准的部分，应当通过适当方式予以明确，由此产生的保费，有条件的地方可以结合实际，提供一定的补贴，或由投保人承担。

农业生产总成本、单产和价格（地头价）数据，以相关部门认可的数据或发展改革委最新发布的《全国农产品成本收益资料汇编》为准。

第十三条　各省财政部门应当会同有关部门，指导承保机构逐步建立当地农业保险费率调整机制，合理确定费率水平。中国农业再保险股份有限公司（以下简称中国农再）应当适时发布农业保险风险区划和风险费率参考。

第十四条 承保机构应当合理设置补贴险种赔付标准，维护投保农户合法权益。补贴险种不得设置绝对免赔，科学合理设置相对免赔，省级财政部门负责监督。

第十五条 补贴险种的保险条款应当通俗易懂、表述清晰，保单上应当明确载明农业保险标的位置和农户、农业生产经营组织、地方财政、中央财政等各方承担的保费比例及金额。

第四章 预算管理

第十六条 农业保险保费补贴资金实行专项管理、分账核算。财政部承担的保费补贴资金，列入年度中央预算。省级财政部门承担的保费补贴资金，由省级财政预算安排，省级以下财政部门承担的保费补贴资金，由省级财政部门负责监督落实，并向财政部报送《农业保险保费补贴资金到位承诺函》。中央单位向财政部报送《农业保险保费承担资金到位承诺函》。

第十七条 农业保险保费补贴资金实行专款专用、据实结算。各地保费补贴资金当年出现结余的，抵减下年度预算；如下年度不再为补贴地区，中央财政结余部分全额返还财政部。

第十八条 省级财政部门及有关中央单位应于每年 3 月 31 日前，编制当年保费补贴资金申请报告，报财政部，并抄送对口监管局。同时，对上年度中央财政农业保险保费补贴资金进行结算，编制结算报告（含用于申报奖补资金的地方优势特色农产品保险保费规模），送对口监管局审核，并抄送财政部。中央单位不同省的业务由业务所在地监管局审核。当年资金申请和上年度资金结算报告需分别报送，报告内容主要包括：

（一）保险方案。包括补贴险种的承保机构、经营模式、保险品种、保险费率、保险金额、保险责任、补贴区域、投保面积、单位保费、总保费等相关内容。

（二）补贴方案。包括农户自缴保费比例及金额、各级财政补贴或中央单位承担的比例及金额、资金拨付与结算等相关情况。

（三）保障措施。包括工作计划、组织领导、监督管理、承保、查勘、定损、理赔、防灾防损等相关措施。

（四）生产成本收益数据。包括相关部门认可的农业生产成本收益数据等相关内容。非完全成本保险或种植收入保险品种，保险金额超过物化成本的，应当进行说明，并测算地方各级财政应承担的补贴金额。

（五）相关表格。省级财政部门及有关中央单位应填报上年度中央财政农业保险保费补贴资金结算表，当年中央财政农业保险保费补贴资金测算表；监管局对上年度资金结算情况进行审核后，填报中央财政农业保险保费补贴资金监管局确认结算表。

（六）其他材料。财政部要求、地方财政部门和监管局认为应当报送或有必要进行说明的材料。

（七）地方优势特色农产品保险数据。各省和新疆生产建设兵团应填报上一年度省级财政给予补贴、符合保险原则的地方优势特色农产品保险情况表；监管局对上年度地方优势特色农产品保险情况进行审核后，填报地方优势特色农产品保险情况监管局确认表。

第十九条   承保机构应加强对承保标的的核验，对承保理赔数据的真实性负责。地方财政部门及有关中央单位对报送材料的真实性负责，在此基础上监管局履行审核职责。监管局重点审核但不限于上年度中央财政补贴资金是否按规定用途使用、承保机构是否按照本办法规定报送保单级数据、市县各级财政保费补贴是否到位、承保机构是否收取农户保费以及承保理赔公示等情况。监管局可根据各地实际情况以及国家有关政策规定，适当扩大审核范围。原则上，监管局应当在收到结算材料后 1 个月内，出具审核意见报财政部，并抄送相关财政部门或中央单位。省级财政部门及有关中央单位应当在收到监管局审核意见后 10 日内，根据审核意见向财政部报送补贴资金结算材料（含用于申报奖补资金的地方优势特色农产品保险保费规模），并附监管局审核意见。

第二十条   省级财政部门和新疆生产建设兵团财政局根据实际情况，对照农业保险保费补贴综合绩效评价指标进行自评，形成上年度农业保险保费补贴综合绩效评价报告，并提供必要的佐证材料。省级财政部门和新疆生产建设兵团财政局对报送材料和数据的真实性负责，自评材料于每年 4 月 15 日前报送财政部，抄送对口监管局。监管局对省级财政部门和新疆生产建设兵团财政局的自评材料进行复核，于每年 5 月 15 日前将复核结果报送财政部。财政部结合日常工作掌握、客观数据、监管局复核结果等情况，组织对省级财政部门和新疆生产建设兵团财政局上报的自评材料进行复评，形成最终考核结果。综合绩效评价报告内容主要包括：

（一）各项综合绩效评价指标完成情况。对照各项三级绩效指标的指标释义和评价标准，逐项填写全年实际完成情况并计算分值。

（二）未完成绩效指标的原因和改进措施。对未完成绩效指标的原因逐条进行分析，书面作出说明并提出改进措施。

（三）相关表格。省级财政部门和新疆生产建设兵团财政局应填报农业保险保费补贴综合绩效评价表；监管局审核后，填报农业保险保费补贴综合绩效监管局确认表。

（四）其他材料。财政部要求、地方财政部门和监管局认为应当报送或有必要进行说明的材料。

第二十一条 省级财政部门及有关中央单位应加强和完善预算编制工作，根据补贴险种的投保面积、投保数量、保险金额、保险费率和保费补贴比例等情况，填报中央财政农业保险保费补贴资金测算表，测算下一年度各级财政应当承担的保费补贴资金并编制报告，于每年 8 月 20 日前上报财政部，并抄送对口监管局。

第二十二条 对未按上述规定时间报送补贴资金申请材料的地区，财政部和监管局不予受理，视同该年度该地区（单位）不申请中央财政农业保险保费补贴。

第二十三条 对于省级财政部门和中央单位报送的保费补贴预算申请，符合本办法规定条件的，财政部给予保费补贴支持。

第二十四条 财政部在收到省级财政部门按照本办法规定报送的材料以及监管局审核意见后，结合预算安排和已预拨保费补贴资金等情况，清算上年度并拨付当年剩余保费补贴资金。有关中央单位的保费补贴资金，按照相关预算管理规定执行。

地方各级财政部门在向承保机构拨付保费补贴资金时，应当要求承保机构提供保费补贴资金对应业务的保单级数据。保单级数据至少保存 10 年，由省级财政部门确定保单级数据的留存主体。相关保单级数据要做到可核验、可追溯、可追责。

对以前年度中央财政补贴资金结余较多的地区，省级财政部门及有关中央单位应当进行说明。对连续两年结余资金较多且无特殊原因的省及中央单位，财政部将根据预算管理相关规定，结合当年中央财政收支状况、地方或中央单位实际执行情况等，收回中央财政补贴结余资金，并酌情扣减当年预拨资金。

第二十五条　地方财政部门应当根据农业保险承保进度及签单情况，及时向承保机构拨付保费补贴资金，不得拖欠。具体资金拨付方式由省级财政部门自主决定。原则上，财政部门在收到承保机构的保费补贴资金申请后，要在一个季度内完成审核和资金拨付工作，超过一个季度仍未拨付的，相关财政部门应向省级财政部门书面说明。省级财政部门在申请中央财政保费补贴时，要将相关说明一并报财政部。有关中央单位参照执行。

第二十六条　承保机构在与中国农再进行数据交换时，应当将收取农户保费情况及已向财政部门提交资金申请的各级财政补贴到位情况一并交换。中国农再收到各地拖欠保费补贴资金情况后，应当向财政部报告。

对拖欠承保机构保费补贴较为严重的地区，财政部将通过适当方式公开通报，下达督办函进行督办。整改不力的，财政部将按规定收回中央财政补贴，取消该地区农业保险保费补贴资格，并依法依规追究相关人员责任。

第二十七条　省级财政部门应掌握保费补贴资金的实际使用情况，及时安排资金支付保费补贴。对中央财政应承担的保费补贴资金缺口，省级财政部门及有关中央单位可在次年向财政部报送资金结算申请时一并提出。

第二十八条　保费补贴拨付按照预算管理体制和国库集中支付制度有关规定执行。

第五章　机构管理

第二十九条　财政部依托中国农再建设全国农业保险数据信息系统（以下简称信息系统）。承保机构应当将农业保险核心业务系统与中国农再对接，及时、完整、准确报送农业保险数据信息。

信息系统与各省财政部门、监管局共享，适时扩大至有关方面和市县财政部门。信息系统属地数据真实性由当地财政部门负责监督。监管局可依托信息系统审核农业保险相关数据。中国农再可接受省级财政部门委托，根据省级财政部门需要，拓展信息系统功能。

第三十条　信息系统应当要求承保机构填报以下信息，承保机构应当按要求进行填报：

（一）农业保险保单级数据；

（二）农户保费缴纳情况；

（三）各级财政保费补贴到位情况；

（四）保险标的所属村级代码；

（五）财政部门要求填报的其他情况。

第三十一条　中国农再应当于每年 3 月 10 日前对承保机构年度数据报送质量进行评价，并将评价结果反馈财政部和对应省级财政部门。评价结果用于但不限于农业保险保费补贴综合绩效评价。

中国农再应当对承保机构传送的数据，与土地确权、生猪生产等数据进行技术核实，并将核实结果报财政部并反馈省级财政部门，抄送对口监管局。

第三十二条　省级财政部门和相关中央单位应当根据有关规定，建立健全补贴险种承保机构遴选、考核等相关制度，按照公平、公正、公开和优胜劣汰的原则，公开遴选承保机构，提高保险服务水平与质量。

补贴险种承保机构应当满足财政部关于政策性农业保险承保机构遴选管理工作的有关要求。

第三十三条　承保机构要履行社会责任，把社会效益放在首位，兼顾经济效益，不断提高农业保险服务水平与质量：

（一）服务"三农"全局，统筹社会效益与经济效益，积极稳妥做好农业保险工作；

（二）加强农业保险产品与服务创新，合理拟定保险方案，改善承保工作，满足日益增长的"三农"保险需求；

（三）发挥网络、人才、管理、服务等专业优势，迅速及时做好灾后查勘、定损、理赔工作；

（四）加强宣传公示，促进农户了解保费补贴政策、保险条款及工作进展等情况；

（五）强化风险管控，预防为主、防赔结合，协助做好防灾防损工作，通过再保险等有效方式分散风险；

（六）其他惠及农户的相关工作。

第三十四条 承保机构应当按照财政部有关规定，及时、足额计提农业保险大灾风险准备金，逐年滚存，逐步建立应对农业大灾风险的长效机制。

第三十五条 承保机构应当于每年5月31日前将上一年度农业保险大灾风险准备金提取、使用情况报告同级财政部门，省级财政部门汇总后于6月30日前报财政部。

第三十六条 地方财政部门或承保机构不得引入保险中介机构为农户与承保机构办理中央财政补贴险种合同签订等有关事宜。中央财政补贴险种的保费或保费补贴，不得用于向保险中介机构支付手续费或佣金。

第六章 保障措施

第三十七条 各省应当结合本地财政状况、农户承受能力等情况，制定保费补贴方案。

鼓励各省和承保机构采取有效措施，加强防灾减损工作，防范逆向选择与道德风险。鼓励各省根据有关规定，对承保机构的展业、承保、查勘、定损、理赔、防灾防损等农业保险工作给予支持。

第三十八条 各省和承保机构应当因地制宜确定具体投保模式，坚持尊重农户意愿与提高组织程度相结合，积极发挥农业生产经营组织、乡镇农林财工作机构、村民委员会等组织服务功能，采取多种形式组织农户投保。

承保机构一般应当以单一投保人（农户）为单位出具保险单或保险凭证，保险单或保险凭证应发放到户。由农业生产经营组织、乡镇农林财工作机构、村民委员会等单位组织农户投保的，承保机构可以以村为单位出具保险单，制订投保清单，详细列明投保农户的投保信息，并由投保农户或其授权的直系亲属签字确认。

第三十九条　允许设立补贴险种协保员，协助承保机构开展承保、理赔等工作。每村结合实际需要可以设协保员一名，由承保机构和村民委员会协商确定，并在本村公示。

承保机构应当与协保员签订书面合同，约定双方权利义务。承保机构可以向协保员支付一定费用，具体标准由双方协商确定，但原则上不得超过当地公益性岗位的平均报酬。承保机构应当加强对协保员的业务培训，对协保员的协办行为负责。

乡镇及以上农业保险协办业务由县级及以上财政部门另行规定。

第四十条　各省和承保机构应当结合实际，研究制定查勘定损工作标准，对定损办法、理赔起点、定损流程、赔偿处理等具体问题予以规范，切实维护投保农户合法权益。

第四十一条　承保机构应当在与被保险人达成赔偿协议后 10 日内，将应赔偿的保险金支付给被保险人。农业保险合同对赔偿保险金期限有约定的，承保机构应当按照约定履行赔偿保险金义务。

承保机构原则上应当通过财政补贴"一卡通"、银行转账等非现金方式，直接将保险赔款支付给投保农户。如果投保农户没有财政补贴"一卡通"和银行账户，承保机构应当采取适当方式确保将赔偿保险金直接赔付到户。

第四十二条　承保机构在确认收到农户、农业生产经营组织自缴保费后方可出具保险单。承保机构应当按规定在村（组）显著位置或企业公示栏，或通过互联网等方式，将惠农政策、承保情况、理赔结果、服务标准和监管要求进行公示，做到公开透明。

第七章　绩效管理和监督检查

第四十三条　省级财政部门应当按照全面实施预算绩效管理有关规定，科学设置绩效目标，开展绩效运行监控，建立和完善农业保险保费补贴绩效评价制度，并将其与完善农业保险政策、遴选承保机构等工作有机结合。

省级财政部门应于每年 5 月 31 日前，填报中央财政下达农业保险保费补贴预算时所附区域绩效自评表，将上年度农业保险保费补贴区域绩效自评结果报财政部，抄送对口监管局。

第四十四条　财政部将适时对农业保险保费补贴工作进行监督检查，对农业保险保费补贴资金使用情况和效果进行评价。

地方各级财政部门应当建立健全农业保险保费补贴资金执行情况动态监控机制，定期或不定期自查本地区农业保险保费补贴工作，监管局应当定期或不定期抽查，有关情况及时报告财政部。

第四十五条　禁止以下列方式骗取农业保险保费补贴：

（一）虚构或者虚增保险标的，或者以同一保险标的进行多次投保；

（二）通过虚假理赔、虚列费用、虚假退保、截留或者 代领或者挪用赔款、挪用经营费用等方式，冲销投保农户缴纳保费或者财政补贴资金；

（三）其他骗取农业保险保费补贴资金的方式。

第四十六条　对于地方财政部门、中央单位、承保机构以任何方式骗取保费补贴资金的，财政部及监管局将责令其改正并追回相应保费补贴资金，视情暂停其中央财政农业保险保费补贴资格，监管局可向财政部提出暂停补贴资金的建议；情节严重的，依法依规予以处罚。

在地方优势特色农产品保险奖补资金申请中，经财政部审核，存在将不符合要求的地方优势特色农产品保险品种纳入申报范围且保费规模达到或超过 1 000 万元的省，暂停该省当年参与地方优势特色农产品保险奖补政策资格。

各级财政部门、监管局及其工作人员在农业保险保费补贴资金管理工作中，存在违反本办法规定以及其他滥用职权、玩忽职守、徇私舞弊等违法违规行为的，依法追究相应责任；涉嫌犯罪的，依法移送有关机关处理。

第八章　附则

第四十七条　各省和承保机构应当根据本办法规定，在收到本办法 6 个月内制定和完善相关实施细则。省级财政部门应当在实施细则中明确相关部门、单位和承保机构在农业保险数据真实性和承保标的核验、理赔结果确认、保费补贴资金申请审核等环节中的职责，报送财政部，抄送对口监管局。

中央财政农业保险保费补贴政策实施期暂定 5 年，政策到期后，财政部将根据相关法律、行政法规和党中央、国务院有关要求，结合农业保险发展需要进行评估，根据评估结果作出调整。

第四十八条　对未纳入中央财政农业保险保费补贴和地方优势特色农产品保险奖补政策支持范围，但享有地方财政资金支持的农业保险业务，参照本办法执行。

第四十九条　本办法自 2022 年 1 月 1 日起施行。《财政部关于加大对产粮大县三大粮食作物农业保险支持力度的通知》（财金〔2015〕184 号）、《财政部关于印发〈中央财政农业保险保险费补贴管理办法〉的通知》（财金〔2016〕123 号）、《财政部关于修订〈中央财政农业保险保险费补贴管理办法〉的通知》（财金〔2019〕36 号）、《财政部关于开展中央财政对地方优势特色农产品保险奖补试点的通知》（财金〔2019〕55 号）、《财政部关于扩大中央财政对地方优势特色农产品保险以奖代补试点范围的通知》（财金〔2020〕54 号）同时废止，其他有关规定与本办法不符的，以本办法为准。

中国银保监会关于印发农业保险承保理赔管理办法的通知

银保监规〔2022〕4 号

各银保监局，各财产保险公司：

为强化农业保险业务监管，规范农业保险承保理赔行为，切实保护农业保险活动当事人合法权益，促进农业保险高质量发展，银保监会制定了《农业保险承保理赔管理办法》，现予印发，请遵照执行。

中国银保监会

2022 年 2 月 17 日

农业保险承保理赔管理办法

第一章　总则

第一条　为加强农业保险监管，进一步规范农业保险承保理赔管理，加快推动农业保险高质量发展，依据《中华人民共和国保险法》（以下简称《保险法》）、《农业保险条例》等有关法律法规，制定本办法。

第二条　本办法适用于种植业保险、养殖业保险和森林保险业务。

第三条　本办法所称保险机构，是指符合银保监会关于农业保险业务经营条件规定的财产保险公司及其分支机构。本办法所称协办机构，是指受保险机构委托，协助办理农业保险业务的财政、农业农村、林草、村民委员会、农村集体经济组织等基层机构。

第四条　保险机构开展农业保险承保理赔服务时，应当尊重农业生产规律，遵循依法合规、诚实信用、优质高效、创新发展原则，保护农业保险活动当事人合法权益。

第二章　承保管理

第五条　农业保险可以由农民、农业生产经营组织自行投保，也可以由农业生产经营组织、村民委员会等单位组织农民投保。

第六条　保险机构在承保前应当以现场、线上等形式宣讲相关惠农政策、服务标准和监管要求等内容。由农业生产经营组织或村民委员会等单位组织农民投保的，可以组织投保人、被保险人召开宣传说明会，现场发放投保险种保险条款，重点讲解保险责任、责任免除、赔款处理等内容。

第七条　保险机构应当严格履行说明义务，在投保单、保险单上作出足以引起投保人注意的提示，并向投保人重点说明投保险种的保险责任、责任免除、合同双方权利义务、特别约定、理赔标准和方式等条款内容。

第八条　保险机构和组织投保的单位应当保障投保人、被保险人的知情权和自主权，不得欺骗、误导投保，不得以不正当手段强迫投保或限制投保。

保险机构及其工作人员不得向投保人、被保险人给予或承诺给予保险合同约定以外的保费回扣、赔付返还或者其他利益。

第九条　保险机构应当准确完整记录投保信息。业务系统中投保信息必录项应当至少包括：

（一）客户信息。投保人、被保险人姓名或者组织名称、身份证号码或统一社会信用代码、联系方式、联系地址等。存在特殊情形的，可由投保人、被保险人授权直系亲属代为办理，但需留存直系亲属的身份证号码、联系方式等，同时注明其与投保人、被保险人的关系。

（二）保险标的信息。种植业保险标的数量、品种、地块或村组位置，养殖业保险标的数量、品种、地点位置、标识或有关信息，森林保险标的数量、属性、地点位置等。

（三）其他信息。投保险种、保费金额、保险费率、自缴保费、保险金额、保险期间等。

保险机构应当加强科技应用，可以采用生物识别等技术手段，对标的进行标识并记录，确保投保信息真实、准确、完整。

第十条　保险机构开展承保工作，应当真实、准确、完整记录投保信息，严禁虚假记录或编制投保信息。相关承保业务单证（包括分户投保清单）应当由投保人、被保险人签名或盖章确认。存在特殊情形的，可由投保人、被保险人授权直系亲属代为办理，保险机构应当留存同等法律效力的证明资料。

对于农业生产经营组织或村民委员会等单位组织投保的业务，还应由投保组织者核对并盖章确认。

保险机构可以采取投保人、被保险人电子签名等可验证方式确认投保清单。保险机构工作人员、协办人员不得篡改承保信息。

第十一条　保险机构应当对保险标的真实性、准确性、权属和风险等情况进行查验，并妥善保存相关证明资料。对保险标的不具有保险利益的个人或单位，保险机构不得将其确定为被保险人。

第十二条　保险机构应当根据保险标的特征和分布等情况，采用全检或比例抽查方式查验标的，核查保险标的位置、数量、权属和风险等情况。保险机构可以从当地财政、农业农村、林草等部门或相关机构取得保险标的有关信息，辅助核查投保信息的真实性。

承保种植业保险，还应当查验被保险人土地承包经营权证书或土地承包经营租赁合同；被保险人确实无法提供的，应由管理部门或组织出具证明资料。

承保养殖业保险，还应当查验保险标的存栏数量、防灾防疫、标识标志等情况；被保险人为规模养殖场的，还应当查验经营许可证明等资料。

承保森林保险，还应当查验被保险人山林权属证明或山林承包经营租赁合同；被保险人确实无法提供的，应当由管理部门或组织出具证明资料。

第十三条　保险机构应当对标的查验情况进行拍摄，并确保影像资料清晰、完整、未经任何修改。查验影像应能反映查验人员、查验日期、承保标的特征和规模等。养殖业如有特殊情形，经被保险人与保险人双方同意，可由被保险人提供相关影像和证明资料。

保险机构应当将影像资料上传至业务系统作为核保的必要档案。保险机构可以采用无人机、遥感等远程科技手段查验标的。

第十四条 对于组织投保的业务，在订立农业保险合同时，保险机构应当制作分户投保清单，列明被保险人的相关投保信息。

在依法保护个人信息的前提下，保险机构应当对分户投保清单进行不少于 3 天的承保公示。承保公示方式包括：在村级或农业生产经营组织公共区域张贴公告；通过政府公共网站、行业信息平台发布；经被保险人同意的其他线上公示方式。

公示期间，投保人、被保险人对公示信息提出异议的，保险机构应当及时核查、据实调整，并将核查情况及时反馈相关投保人、被保险人。

第十五条 保险机构应当集中核保，原则上由总公司或省级分公司集中核保，特殊情形可临时授权中心支公司进行核保。保险机构应当合理设置核保权限，明确核保人员职责与权限，实行核保授权分级管理制度。

保险机构应当对投保单、分户投保清单、验标影像、承保公示资料等承保要件以及保险金额、保险费率、保险期间等承保条件进行认真审核，重点审核承保信息的真实性、准确性、完整性。不符合规定要求或缺少相关内容的，不得审核通过。

第十六条 保险机构应当在确认收到农民或农业生产经营组织应缴保费后，出具保险单。保险单或保险凭证应当及时发放到户。

第十七条 保险机构应当加强批改管理，合理设置保单批改权限，由总公司或省级分公司集中审批。保险机构应当在业务信息系统中真实、准确、完整记录批改说明及证明资料。

涉及投保人、被保险人个人信息和承保重要信息变动的，应当由投保人、被保险人签名或盖章确认。

第三章 理赔管理

第十八条 保险机构应当以保障被保险人合法权益为出发点，遵循"主动、迅速、科学、合理"原则，做好理赔工作。保险机构应当重合同、守信用，不得平均赔付、协议赔付。

第十九条 保险机构应当加强接报案管理，保持报案渠道畅通，24 小时接受报案。

接报案应当由总公司或省级分公司集中受理，报案信息应当及时准确录入业务系统。对于省级以下分支机构或经办人员直接收到的报案，应当引导或协助报案人报案。对于未能及时报案的案件，应当在业务系统中记录延迟报案的具体原因和情况说明。

第二十条 保险机构应当建立农业保险查勘制度，查勘应当真实客观反映标的损失情况，查勘过程应当完整、规范。

第二十一条 接到报案后，保险机构应当在 24 小时内进行查勘，因客观原因难以及时查勘的，应当与报案人联系并说明原因。

发生种植业、森林灾害，保险机构可以依照相关农业、林业技术规范，抽取样本测定保险标的损失程度。对于情况复杂、难度较高的，可以委托农业、林业等领域有资质的第三方专业机构协助开展查勘定损。保险机构可以采用无人机、遥感等远程科技手段开展查勘定损工作。

发生养殖业灾害，保险机构应当及时查勘。有标识信息的，应当将标识信息录入业务系统，保险机构业务系统应当具备标识唯一性的审核、校验和出险注销等功能。政府对承保标的有无害化处理要求的，保险机构应当将无害化处理作为理赔的前提条件；对于不能确认无害化处理的，不予赔偿。

第二十二条 保险机构应当对损失情况进行拍摄，并确保影像资料清晰、完整、未经任何修改。查勘影像应当体现查勘人员、拍摄位置、拍摄日期、受损标的特征和规模、损失原因和程度、标识或有关信息等。养殖业如有特殊情形，经被保险人与保险人双方同意，可由被保险人提供相关影像及证明资料。

保险机构应当将影像资料上传业务系统作为核赔的必要档案。

第二十三条 保险机构应当如实撰写查勘报告，并保存查勘原始记录等单证资料，严禁编纂虚假查勘资料和报告。查勘单证应当对标的受损情况、事故原因以及是否属于保险责任等提出意见，并由查勘人员和被保险人签名确认。存在特殊情形的，可由被保险人授权直系亲属代为办理，保险机构应当留存具有同等法律效力的证明资料。

第二十四条　保险机构应当加强立案管理。对属于保险责任的案件，保险机构应当及时立案。对报案后超过 10 日未立案的，业务系统应当强制自动立案。

第二十五条　保险机构应当及时核定损失。

种植业保险、森林保险发生全部损失的，应当在接到报案后 10 日内完成损失核定；发生部分损失的，应当在接到报案后 20 日内完成损失核定。养殖业保险应当在接到报案后 3 日内完成损失核定。

发生重大灾害、大范围疫情以及存在其他特殊情形的，保险机构可以按照合同约定，适当延长损失核定时间，并向被保险人做好解释说明工作。

第二十六条　保险机构应当加强定损管理，依据定损标准和规范科学定损，定损结果应当确定到户。保险机构应当对定损结果进行抽查，并在公司相关内控制度中明确抽查比例。

第二十七条　保险机构应当加强案件拒赔管理。对于不属于保险责任的，应当在核定之日起 3 日内向被保险人发出拒赔通知书，并说明理由。拒赔材料应当上传业务系统进行管理。

第二十八条　查勘定损过程中，应当由被保险人提供的有关证明资料不齐全或不符合要求的，保险机构应当一次性告知被保险人提供；保险机构能够直接取得的气象灾害证明等有关证明资料，不得要求被保险人提供。

法律法规对受损保险标的处理有规定的，保险机构理赔时应当取得受损保险标的已依法处理的证据或证明资料。

除保险合同另有约定外，保险机构不得主张对受损保险标的残余价值的权利。

第二十九条　对于组织投保的业务，在依法保护个人信息的前提下，保险机构应当对分户定损结果进行不少于 3 天的理赔公示。理赔公示方式包括：在村级或农业生产经营组织公共区域张贴公告；通过政府公共网站、行业信息平台发布；经被保险人同意的其他线上公示方式。

公示期间，投保人、被保险人对公示信息提出异议的，保险机构应当及时核查，据实调整，并将核查情况及时反馈相关投保人、被保险人。

第三十条 保险机构应当根据公示反馈结果制作分户理赔清单，列明被保险人姓名、身份证号、银行账号、赔付险种和赔款金额，由被保险人签名或盖章确认。存在特殊情形的，可由被保险人授权直系亲属代为办理，保险机构应当留存具有同等法律效力的证明资料。

保险机构可以制作电子理赔清单，并采取被保险人电子签名等可验证方式确认理赔清单。保险机构工作人员、协办人员不得篡改理赔信息。

第三十一条 保险机构应当集中核赔，原则上由总公司或省级分公司集中核赔，特殊情形可临时授权中心支公司进行核赔。保险机构应当合理设置核赔权限，明确核赔人员职责与权限，实行核赔授权分级管理制度，明确小额案件标准，建立快速核赔机制。

保险机构应当对查勘报告、损失清单、查勘影像、公示资料等理赔要件进行严格审核，重点核实赔案的真实性和定损结果的科学性、合理性。

第三十二条 保险机构应当在与被保险人达成赔偿协议后10日内，将赔款支付给被保险人。农业保险合同对赔款支付的期限有约定的，保险机构应当按照约定履行赔付义务。

农业保险赔款原则上应当通过转账方式支付被保险人。保险机构应当留存支付证明，并将理赔信息及时告知被保险人。财务支付的收款人名称应当与被保险人一致。

第三十三条 保险机构自收到被保险人赔偿请求和有关证明资料之日起60日内，如不能确定赔款金额，应当依据已有证明和资料，对可以确定的金额先予支付。最终确定赔偿金额并达成赔偿协议后，应当支付相应的差额。

第三十四条　任何单位和个人不得非法干预保险机构履行赔偿保险金的义务，不得限制被保险人取得保险金的权利。

第四章　协办管理

第三十五条　保险机构应当加强服务能力建设，建立符合农业保险高质量发展需要的基层服务网络体系。保险机构可以委托财政、农业农村、林草、村民委员会、农村集体经济组织等基层机构，协助办理农业保险业务。

第三十六条　保险机构委托协助办理农业保险业务的，应当按照公平、自主自愿的原则，与协办机构签订书面合同，明确双方权利义务，并由协办机构指派协办人员协助办理农业保险业务。省级保险机构应当在每年一季度末将确定的协办机构及协办人员名单报所在地银保监局备案。

第三十七条　协办业务双方应当按照公平公正原则，合理确定协办费用，并建立协办费用激励约束机制。保险机构应当加强协办费用管理，确保协办费用仅用于协助办理农业保险业务，不得挪作他用。协办费用应当通过转账方式支付，并以取得的合法票据为依据入账。

除协办费用外，保险机构不得给予或承诺给予协办机构、协办人员合同约定以外的回扣或其他利益。

第三十八条　保险机构应当明确自身职责，加强协办业务管理，确保运作规范；应当制定协办业务内部管理制度，将协办业务合规性列为公司内控管理重点，发现问题及时处理。

第三十九条　保险机构应当定期对协办人员开展培训，培训内容包括国家政策、监管制度、承保理赔流程、职责义务等。

第五章　内控管理

第四十条　保险机构应当根据法律法规和监管规定，建立完善农业保险业务管理、客户回访、投诉管理、内部稽核、信息管理、档案管理等内控管理制度。

第四十一条　保险机构应当如实记录农业保险业务和财务情况，保证业务和财务数据真实、准确、完整。对外部数据信息应当进行必要的查验审核，对存在问题的数据信息应当及时向有关部门报告。禁止通过虚假承保、虚假理赔、虚列费用等方式骗取农业保险保费补贴。

第四十二条 保险机构应当将农业保险纳入公司稽核制度中，并依据《农业保险条例》、监管规定以及公司内控制度，每年对农业保险业务进行审计核查。

第四十三条 保险机构应当加强防灾减损管理，据实列支防灾减损费用，依法合规做好防灾减损工作。保险机构应当强化与农业防灾减损体系的协同，提高农业抵御风险的能力。

第四十四条 保险机构应当建立完善承保理赔客户回访管理制度，包括但不限于回访方式、回访频率、回访比例、回访记录格式、回访档案管理等内容。

第四十五条 保险机构应当建立投诉处理制度。对于农业保险相关投诉事项，保险机构应当及时受理、认真调查，在规定时限内作出答复。

第四十六条 保险机构应当按照法律法规和监管规定建立农业保险档案管理制度。承保档案应当至少包括投保单、保险单、查验影像、公示证明、保费缴纳证明等资料。理赔档案应当至少包括出险通知书或索赔申请书、查勘报告、查勘影像、公示证明、赔款支付证明等资料。公示证明应当能够反映公示日期、方式和内容。上述资料应当及时归档、集中管理、妥善保管。保险机构按照有关规定可以采取信息化方式保存档案。

第四十七条 保险机构应当加强信息管理系统建设，实现农业保险全流程系统管理，承保、理赔、再保险和财务系统应当无缝对接，信息管理系统应当能够实时监控承保理赔情况，具备数据管理、统计分析、稽核等功能。

第四十八条 保险机构应当严格按照法律法规和监管规定做好农业保险信息数据安全保护工作，确保信息系统安全和数据安全。对于开展业务中知悉的个人隐私、个人信息等数据，保险机构应当依法予以保密，不得泄露或者非法提供。

第四十九条　保险机构应当加强服务能力建设，建立分支机构服务能力标准，完善基层服务网络，提高业务人员素质，确保服务能力和业务规模相匹配。

第五十条　保险机构应当加大科技投入，采取线上化、信息化手段提升承保理赔服务能力和效率，推动科技赋能，更好满足被保险人农业风险保障需求。

第五十一条　保险机构应当按照有关规定，建立和完善农业保险大灾风险分散机制。

第六章　监督管理

第五十二条　保险机构在经营农业保险业务过程中，违反《保险法》《农业保险条例》等有关规定的，银保监会及其派出机构可以依法实施行政处罚。

第五十三条　保险机构在经营农业保险业务过程中，违反本办法相关规定的，银保监会及其派出机构可依法采取监管措施。

第五十四条　银保监会及其派出机构应当将保险机构执行本办法规定的有关情况，纳入农业保险业务经营条件考评管理。违反本办法相关规定的，银保监会及其派出机构应当按照有关规定对其是否符合农业保险业务经营条件进行认定。

第七章　附则

第五十五条　经银保监会批准依法设立的农业相互保险组织，参照本办法执行。

第五十六条　农业指数保险、涉农保险及创新型农业保险业务参照适用本办法有关规定。

第五十七条　本办法由银保监会负责解释。

第五十八条　本办法自 2022 年 4 月 1 日起施行。